에듀윌과 함께 시작하면,
당신도 합격할 수 있습니다!

오랜 직장 생활을 마감하며 찾아온 앞날에 대한 막연한 두려움
에듀윌만 믿고 공부해 합격의 길에 올라선 50대 은퇴자

출산한지 얼마 안돼 독박 육아를 하며 시작한 도전!
새벽 2~3시까지 공부해 8개월 만에 동차 합격한 아기엄마

만년 가구기사 보조로 5년 넘게 일하다, 달리는 차 안에서도
포기하지 않고 공부해 이제는 새로운 일을 찾게 된 합격생

누구나 합격할 수 있습니다.
시작하겠다는 '다짐' 하나면 충분합니다.

마지막 페이지를 덮으면,

에듀윌과 함께
공인중개사 합격이 시작됩니다.

15년간 베스트셀러 1위 에듀윌 공인중개사 교재

탄탄한 이론 학습! 기초입문서/기본서/핵심요약집

기초입문서(2종)

기본서(6종)

1차 핵심요약집+기출팩(1종)

출제경향 파악, 실전 엿보기! 단원별/회차별 기출문제집

단원별 기출문제집(6종)

회차별 기출문제집(2종)

다양한 문제로 합격점수 완성! 기출응용 예상문제집/실전모의고사

기출응용 예상문제집(6종)

실전모의고사(2종)

합격을 위한 비법 대공개! 합격서

이영방 합격서
부동산학개론

심정욱 합격서
민법 및 민사특별법

임선정 합격서
공인중개사법령 및 중개실무

김민석 합격서
부동산공시법

한영규 합격서
부동산세법

오시훈 합격서
부동산공법

신대운 합격서
쉬운민법

취약점 보완에 최적화! 저자별 부교재

이영방 합격패스 계산문제
부동산학개론

심정욱 합격패스 암기노트
민법 및 민사특별법

임선정 그림 암기법
공인중개사법령 및 중개실무

김민석 테마별 한쪽정리
부동산공시법

심정욱 핵심체크 OX
민법 및 민사특별법

오시훈 키워드 암기장
부동산공법

시험 전, 이론&문제 한 권으로 완벽 정리! 필살키

이영방 필살키

심정욱 필살키

임선정 필살키

오시훈 필살키

김민석 필살키

한영규 필살키

신대운 필살키

더 많은
공인중개사 교재

* 해당 교재의 이미지는 변경될 수 있습니다.

공인중개사,
에듀윌을 선택해야 하는 이유

9년간 아무도 깨지 못한 기록
합격자 수 1위

합격을 위한 최강 라인업
1타 교수진

공인중개사

합격만 해도 연 최대 300만원 지급
에듀윌 앰배서더

업계 최대 규모의 전국구 네트워크
동문회

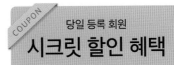

합격자 수 1위 에듀윌
7만 건이 넘는 후기

고○희 합격생

부알못, 육아맘도 딱 1년 만에 합격했어요.

저는 부동산에 관심이 전혀 없는 '부알못'이었는데, 부동산에 관심이 많은 남편의 권유로 공부를 시작했습니다. 남편 지인들이 에듀윌을 통해 많이 합격했고, '합격자 수 1위'라는 광고가 좋아 에듀윌을 선택하게 되었습니다. 교수님들이 커리큘럼대로만 하면 된다고 해서 믿고 따라갔는데 정말 반복 학습이 되더라고요. 아이 둘을 키우다 보니 낮에는 시간을 낼 수 없어서 밤에만 공부하는 게 쉽지 않아 포기하고 싶을 때도 있었지만 '에듀윌 지식인'을 통해 합격하신 선배님들과 함께 공부하는 동기들의 위로가 큰 힘이 되었습니다.

이○용 합격생

군복무 중에 에듀윌 커리큘럼만 믿고 공부해 합격

에듀윌이 합격자가 많기도 하고, 교수님이 많아 제가 원하는 강의를 고를 수 있는 점이 좋았습니다. 또, 커리큘럼이 잘 짜여 있어서 잘 따라만 가면 공부를 잘 할 수 있을 것 같아 에듀윌을 선택했습니다. 에듀윌의 커리큘럼대로 꾸준히 따라갔던 게 저만의 합격 비결인 것 같습니다.

안○원 합격생

5개월 만에 동차 합격, 낸 돈 그대로 돌려받았죠!

저는 야쿠르트 프레시매니저를 하다 60세에 도전하여 합격했습니다. 심화 과정부터 시작하다 보니 기본이 부족했는데, 교수님들이 하라는 대로 기본 과정과 책을 더 보면서 정리하며 따라갔던 게 주효했던 것 같습니다. 합격 후 100만 원 가까이 되는 큰 돈을 환급받아 남편이 주택관리사 공부를 한다고 해서 뒷받침해 줄 생각입니다. 저는 소공(소속 공인중개사)으로 활동을 하고 싶은 포부가 있어 최대 규모의 에듀윌 동문회 활동도 기대가 됩니다.

더 많은
합격 비법

다음 합격의 주인공은 당신입니다!

에듀윌이
너를
지지할게
ENERGY

시작하는 방법은
말을 멈추고
즉시 행동하는 것이다.

– 월트 디즈니(Walt Disney)

➕ 합격할 때까지 책임지는 개정법령 원스톱 서비스!

법령 개정이 잦은 공인중개사 시험. 일일이 찾아보지 마세요!
에듀윌에서는 필요한 개정법령만을 빠르게! 한번에! 제공해 드립니다.

에듀윌 도서몰 접속 (book.eduwill.net)	▶	우측 정오표 아이콘 클릭	▶	카테고리 공인중개사 설정 후 교재 검색

개정법령
확인하기

2025
에듀윌 공인중개사

김민석 테마별 한쪽정리

부동산공시법

저자의 말

〈2025 에듀윌 공인중개사 김민석 테마별 한쪽정리 부동산공시법〉은 최소 시간을 투자해서 최대의 효과를 얻을 목적으로 기획한 교재입니다. 시험에 새롭게 출제될 내용도 중요하지만, 그보다 더 중요한 것은 그동안 시험이 어느 부분에서 어떻게 출제되었는지 파악하는 것입니다.

본 교재는 이러한 목적에 맞게 다음과 같은 특징으로 구성되었습니다.

1. 「부동산등기법」과 「공간정보의 구축 및 관리 등에 관한 법률」에서 중요하고 암기가 필요한 내용을 각각 **15개의 테마로 정리**하여 수험생이 필수적으로 **외워야 할 내용을 구체적으로 제시**하였습니다. 이를 반복하고 숙지한다면 앞으로 보게 될 본시험과 모의고사에서 합격점수 이상을 반드시 확보할 수 있습니다.

2. **1개의 테마 내용 전체를 양면에 담아** 책장을 넘기지 않고도 내용을 모두 볼 수 있게 하였습니다. 즉 짝수면에는 핵심이론을 배치하고, 홀수면에는 그동안 해당 핵심이론 부분에서 출제된 옳은 지문과 틀린 지문을 배치하여 출제 내용과 방식을 동시에 파악할 수 있도록 하였습니다.

3. 빠르게 핵심이론 또는 빈출 지문 전체를 보고 싶을 때는 책의 **홀수면이나 짝수면만 보더라도** 목적을 달성할 수 있습니다. 핵심테마를 짧은 시간 안에 정리함으로써 압축된 기억을 보다 오래 유지할 수 있습니다.

본 교재로 부동산공시법의 핵심테마를 정리하면
부동산공시법에 대한 자신감을 높이고,
안정된 점수를 얻는 데 확실한 도움이 될 것입니다.
여러분의 합격을 진심으로 기원합니다.

저자 김민석

약력
• 現 에듀윌 부동산공시법 전임 교수
• 前 방송대학TV(2013년~2019년) 강사
• 前 주요 공인중개사학원 부동산공시법 강사

저서
에듀윌 공인중개사 부동산공시법 기초입문서, 기본서,
합격서, 단원별/회차별 기출문제집, 기출응용 예상문제집,
실전모의고사, 필살키, 테마별 한쪽정리 등 집필

김민석 T 인스타그램
(@kimminseok1207)

구성 및 활용 TIP

| 핵심이론

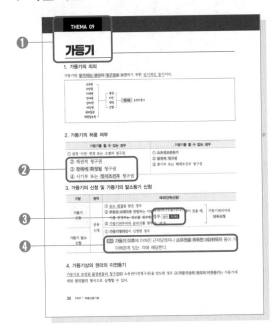

| 빈출 지문 OX

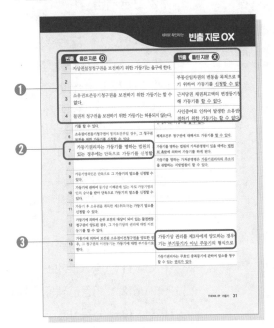

❶ 부동산공시법의 핵심이론을 테마별로 완벽 정리

활용TIP 테마별로 정리된 부동산공시법의 핵심이론을 학습한 후, 오른쪽 페이지의 빈출 지문을 통해 핵심이론을 확실히 이해했는지 점검해 보세요.

❷ 문제에서 답이 되는 핵심 키워드에 형광펜 표시

활용TIP 오른쪽 페이지 옳은 지문의 보라색 키워드와 연계되어 있어요. 해당 이론의 기출 지문을 바로바로 확인하며 학습해 보세요.

❸ 한 번에 외워지는 민석쌤의 암기코드

활용TIP 민석쌤만의 두문자 암기코드로 이론을 쉽고 재미있게 암기해 보세요.

❹ 보충하면 좋을 내용을 참고로 제시

활용TIP 추가로 알고 있어야 할 내용이 참고로 들어가 있어요. 참고도 시험에 중요한 내용이니 놓치지 말고 학습해 보세요.

❶ 테마별 핵심이론과 관련된 빈출 지문을 옳은 지문과 틀린 지문으로 완벽 정리

활용TIP 옳은 지문과 틀린 지문을 확인한 후, 이해하기 어려운 지문은 왼쪽 페이지의 핵심이론을 다시 복습해 보세요.

❷ 옳은 지문의 핵심 키워드에 보라색 표시

활용TIP 왼쪽 페이지 핵심이론의 형광펜 키워드와 연계되어 있어요. 해당 이론을 빠르게 확인하며 복습해 보세요.

❸ 틀린 지문의 오답 키워드에 보라색 밑줄 표시

활용TIP 틀린 지문이 되는 오답 키워드에 보라색 밑줄 표시가 되어 있어요. 정답이 되는 키워드를 이론에서 확인하며 학습해 보세요.

헷갈리는 부동산공시법?
김민석 테마별 한쪽정리로 완벽하게 해결!

차례

PART

부동산등기법

소유권보존등기

1. 소유권보존등기의 특징

소유권보존등기는 1부동산 전부에 대하여 소유권 전부를 등기하여야 하므로, 부동산의 일부나 소유권의 일부(지분)에 대해서는 보존등기를 할 수 없다. ➡ 각하된다

2. 신청인

① 토지대장, 임야대장 또는 건축물대장에 최초의 소유자로 등록되어 있는 자 또는 그 상속인, 그 밖의 포괄승계인

최초의 소유자	㉠ 대장상 소유권이전등록을 받은 소유명의인은 직접 자기 명의로 소유권보존등기를 신청할 수는 없다. 최초의 소유자 명의로 보존등기를 마친 다음 자기 명의로 소유권이전등기를 하여야 한다. 예 증여를 받은 수증자 ㉡ 다만, '국'으로부터 소유권이전등록을 받은 경우에는 직접 자기 명의로 소유권보존등기를 신청할 수 있다.
상속인	최초의 소유자로 등록되어 있는 자의 상속인은 직접 자기 명의로 소유권보존등기를 신청할 수 있다.
포괄 승계인	미등기부동산의 대장상 소유자로 등록된 자로부터 포괄유증을 받은 수증자는 직접 자기 명의로 보존등기를 신청할 수 있다. 참고 미등기부동산의 대장상 소유자로 등록된 자로부터 특정유증을 받은 수증자는 직접 자기 명의로 보존등기를 신청할 수 없고, 상속인 명의로 보존등기를 마친 후 자기 명의로 소유권이전등기를 하여야 한다.

② 법원의 확정판결에 의하여 자기의 소유권을 증명하는 자
  ㉠ 소유권확인판결에 한하는 것은 아니며, 형성판결이나 이행판결이라도 이에 해당한다.
  ㉡ 토지는 국가를 피고로, 건물은 지방자치단체를 피고로 한다. ➡ 건물의 피고를 국가로 하면 무효
③ 수용으로 인하여 소유권을 취득하였음을 증명하는 자(사업시행자): 미등기부동산
④ 특별자치도지사, 시장, 군수, 자치구청장의 확인에 의하여 자기의 소유권을 증명하는 자: 건물만 적용 ➡ 토지는 적용×

3. 신청정보 제공사항

소유권보존등기는 어떤 경우라도 절대 등기원인과 그 연월일은 기록하지 않는다.

4. 직권보존등기

① 미등기부동산에 대하여 법원의 처분제한등기(가압류등기, 가처분등기, 강제경매등기)의 촉탁이 있는 경우, 등기관은 직권으로 소유권보존등기를 한 후 처분제한등기를 한다.
② 미등기부동산에 대하여 법원의 임차권등기명령에 의한 주택임차권등기의 촉탁이 있는 경우, 등기관은 직권으로 소유권보존등기를 한 후 주택임차권등기를 한다.

	빈출 **옳은지문 O**	빈출 **틀린지문 X**
1	일부지분에 대한 소유권보존등기를 신청한 경우에는 그 등기신청은 각하된다.	
2	甲이 신축한 미등기건물을 甲으로부터 매수한 乙은 甲명의로 소유권보존등기 후 소유권이전등기를 해야 한다.	미등기토지를 토지대장상의 소유자로부터 증여받은 자는 직접 자기 명의로 소유권보존등기를 <u>신청할 수 있다</u>.
3		토지대장상 최초의 소유자인 甲의 미등기토지가 상속된 경우, <u>甲명의로 보존등기를 한 후</u> 상속인 명의로 소유권이전등기를 한다.
4	토지대장에 최초의 소유자로 등록되어 있는 자로부터 그 토지를 포괄유증 받은 자는 자기 명의로 소유권보존등기를 신청할 수 있다.	미등기부동산이 특정유증된 경우, 특정유증을 받은 자는 자기 명의로 소유권보존등기를 <u>신청할 수 있다</u>.
5	소유권보존등기의 신청인이 그의 소유권을 증명하기 위한 판결은 그가 소유자임을 증명하는 확정판결이면 충분하다.	확정판결에 의하여 자기의 소유권을 증명하여 소유권보존등기를 신청할 경우, 소유권을 증명하는 판결은 <u>소유권확인판결에 한한다</u>.
6		건물에 대하여 <u>국가를 상대로 한</u> 소유권확인판결에 의해서 자기의 소유권을 증명하는 자는 소유권보존등기를 신청할 수 있다.
7	미등기토지에 관한 소유권보존등기는 수용으로 인해 소유권을 취득하였음을 증명하는 자도 신청할 수 있다.	수용으로 인하여 소유권을 취득하였음을 증명하는 자는 자기 명의로 소유권보존등기를 <u>신청할 수 없다</u>.
8	자치구 구청장이나 군수의 확인에 의하여 자기의 토지소유권을 증명하는 자는 소유권보존등기를 신청할 수 없다.	미등기토지에 대한 소유권을 군수의 확인에 의해 증명한 자는 그 토지에 대한 소유권보존등기를 <u>신청할 수 있다</u>.
9	소유권보존등기를 할 때에는 등기원인과 그 연월일을 기록하지 않는다.	확정판결에 의하여 자기의 소유권을 증명하여 소유권보존등기를 신청하는 자는 신청정보의 내용으로 등기원인과 그 연월일을 <u>제공하여야 한다</u>.
10	미등기토지에 대해 소유권처분제한의 등기촉탁이 있는 경우, 등기관이 직권으로 소유권보존등기를 한다.	
11	등기관이 미등기토지에 대하여 법원의 촉탁에 따라 가압류등기를 할 때에는 직권으로 소유권보존등기를 한다.	등기관이 미등기부동산에 관하여 <u>과세관청의 촉탁</u>에 따라 체납처분으로 인한 압류등기를 하기 위해서는 직권으로 소유권보존등기를 하여야 한다.
12	미등기주택에 대하여 임차권등기명령에 의한 등기촉탁이 있는 경우에 등기관은 직권으로 소유권보존등기를 한 후 주택임차권등기를 하여야 한다.	

THEMA 01 소유권보존등기 **9**

공동소유

1. 공유에 관한 등기

① 공유자는 언제든지 그 지분을 처분할 수 있으며, 공유물의 분할을 청구할 수 있다.

② 공유지분은 등기부에 등기되므로 저당권이나 가압류, 가처분의 목적이 될 수 있지만, 이를 목적으로 전세권 등 용익권을 설정할 수는 없다.

③ 토지에 대한 공유물분할약정으로 인한 소유권이전등기는 공유자가 공동으로 신청할 수 있다.

④ 공유자 중 1인의 지분포기로 인한 소유권이전등기는 공유지분권을 포기하는 공유자를 등기의무자로 하고 다른 공유자를 등기권리자로 하여 공동으로 신청하여야 한다.

⑤ 등기된 공유물분할금지기간을 단축하는 약정에 관한 변경등기는 공유자 전원이 공동으로 신청하여야 한다.

⑥ 등기된 공유물분할금지기간 약정을 갱신하는 경우, 이에 대한 변경등기는 공유자 전원이 공동으로 신청하여야 한다.

2. 합유에 관한 등기

① 합유재산은 민법상 조합명의로 등기할 수 없고 조합원 전원 명의로 합유등기를 하는데, 이 경우 합유자의 지분은 등기하지 않는다.

② 합유지분에 대한 이전등기나 합유지분에 대한 저당권설정이나 가압류등기는 허용되지 않는다.

③ 합유자 중 1인이 사망한 경우, 지분이전등기 형식으로 하지 않고 합유명의인 변경등기를 한다.

④ 합유자 중 1인은 합유자 전원의 동의를 얻으면 지분을 처분할 수 있는데, 이 경우 지분이전등기 형식으로 하는 것이 아니라 합유명의인 변경등기를 한다.

3. 총유에 관한 등기

① 종중, 문중 그 밖에 대표자나 관리인이 있는 법인 아닌 사단이나 재단에 속하는 부동산의 등기에 관하여는 그 사단이나 재단을 등기권리자 또는 등기의무자로 한다.

② 위의 등기는 그 사단이나 재단의 명의로 그 대표자나 관리인이 신청한다.

③ 등기신청 시 사원총회결의서는 항상 제공하는 것은 아니고 법인 아닌 사단이 등기의무자로 신청하는 경우만 제공하고, 등기권리자로 신청하는 경우는 제공을 요하지 않는다.

4. 소유형태의 변경(공유 ⇔ 합유)

① 소유형태를 공유에서 합유로 변경하는 경우, 공유자들의 공동신청으로 '변경계약'을 등기원인으로 소유권변경등기를 신청할 수 있다.

② 수인의 합유자 명의로 등기되어 있는 부동산도 합유자 전원의 합의에 의하여 수인의 공유지분의 소유형태로 소유권변경등기를 신청할 수 있다.

	빈출 **옳은 지문 O**	빈출 **틀린 지문 X**
1	부동산의 공유지분 위에 저당권을 설정할 수 있다.	건물의 특정부분이 아닌 공유지분에 대한 전세권설정등기를 할 수 있다.
2	토지에 대한 공유물분할약정으로 인한 소유권이전등기는 공유자가 공동으로 신청할 수 있다.	
3		공유자 중 1인의 지분포기로 인한 소유권이전등기는 공유지분권을 포기하는 공유자가 단독으로 신청하여야 한다.
4	등기된 공유물분할금지기간을 단축하는 약정에 관한 변경등기는 공유자 전원이 공동으로 신청하여야 한다.	공유물분할금지약정이 등기된 경우, 그 약정의 변경등기는 공유자 중 1인이 단독으로 신청할 수 있다.
5	등기된 공유물분할금지기간 약정을 갱신하는 경우, 이에 대한 변경등기는 공유자 전원이 공동으로 신청하여야 한다.	등기된 공유물분할금지기간 약정을 갱신하는 경우, 공유자 중 1인이 단독으로 변경을 신청할 수 있다.
6	민법상 조합의 소유인 부동산을 등기한 경우, 조합원 전원의 명의로 합유등기를 한다.	합유등기를 하는 경우, 합유자의 이름과 각자의 지분비율이 기록되어야 한다.
7	토지의 합유자 甲과 乙 중 乙이 사망한 경우, 특약이 없는 한 甲이 그 토지를 제3자에게 매도하여 이전등기하기 위해서는 먼저 甲의 단독소유로 하는 합유명의인 변경등기를 신청해야 한다.	
8	합유자 중 1인이 다른 합유자 전원의 동의를 얻어 합유지분을 처분한 경우, 지분이전등기를 신청할 수 없다.	합유자 1인이 다른 합유자 전원의 동의를 얻어 자신의 지분을 제3자에게 처분하는 경우, 지분이전등기를 한다.
9	법인 아닌 사단은 그 사단의 명의로 대표자나 관리인이 등기를 신청한다.	법인 아닌 사단이 등기권리자인 경우, 사원총회결의가 있었음을 증명하는 정보를 첨부정보로 제공하여야 한다.
10	법인 아닌 사단인 종중이 건물을 매수한 경우, 종중의 대표자는 종중 명의로 소유권이전등기를 신청할 수 있다.	
11	공유자 전원이 그 소유관계를 합유로 변경하는 경우, 변경계약을 등기원인으로 변경등기를 신청해야 한다.	

소유권이전등기

1. 소유권의 일부이전등기(지분이전등기)

소유권의 일부에 대한 이전등기를 신청하는 경우에는 이전되는 지분을 신청정보의 내용으로 등기소에 제공하여야 한다.

2. 신탁등기

① 신탁재산에 속하는 부동산의 신탁등기는 수탁자가 단독으로 신청한다.

② 신탁등기의 신청은 해당 부동산에 관한 권리의 설정등기, 보존등기, 이전등기 또는 변경등기의 신청과 함께 1건의 신청정보로 일괄하여 하여야 한다. ➡ 동시신청

③ 수익자나 위탁자는 수탁자를 대위하여 신탁등기를 신청할 수 있다. 이 경우 위 ②의 동시신청 규정은 적용하지 않는다.

④ 신탁등기는 권리의 이전 또는 보존이나 설정등기와 함께 하나의 순위번호를 사용한다.

⑤ 수탁자가 여러 명인 경우 등기관은 신탁재산이 합유인 뜻을 기록하여야 한다.

⑥ 신탁재산이 수탁자의 고유재산이 되었을 때에는 그 뜻의 등기를 주등기로 하여야 한다.

⑦ 위 ① ~ ④는 신탁등기의 말소등기에도 동일하게 적용된다.

⑧ 등기관이 신탁등기를 할 때에는 신탁원부를 작성하여야 한다. 신탁원부는 등기기록의 일부로 보고, 그 기록은 등기로 본다.

⑨ 신탁원부 기록의 변경등기 ➡ 주어를 보고 판단한다

 ㉠ '법원'이 주어: 법원의 촉탁으로 신탁원부 기록의 변경등기를 한다.

 ㉡ '등기관'이 주어: 등기관이 직권으로 신탁원부 기록의 변경등기를 한다.

3. 진정명의회복을 원인으로 하는 소유권이전등기

① 무효인 매매계약을 원인으로 이전등기가 된 경우, 그 등기의 말소등기를 하지 않고 매도인 명의의 소유권이전등기를 할 수 있다. 이를 진정명의회복을 위한 소유권이전등기라 한다.

② 진정명의회복등기를 신청하는 경우에 신청정보에 등기의 목적은 '소유권이전'으로 기록하고, 등기원인은 '진정명의회복'으로 기록하며, 등기원인일자는 기록하지 않는다.

③ 진정명의회복을 위한 소유권이전등기청구소송에서 승소확정판결을 받은 자는 그 판결을 등기원인으로 하여 현재 등기명의인의 소유권이전등기에 대하여 말소등기를 신청할 수는 없다.

④ 진정명의회복을 원인으로 한 소유권이전등기 신청 시에는 토지거래허가증, 농지취득자격증명의 제공을 요하지 아니한다. ➡ 진정명의회복은 법률의 규정이다

	빈출 **옳은지문 O**	빈출 **틀린지문 X**
1	소유권의 일부에 대한 이전등기를 신청하는 경우, 이전되는 지분을 신청정보의 내용으로 등기소에 제공하여야 한다.	甲과 乙이 토지를 공유하기로 하고 매수하여 이전등기를 신청하는 경우, 신청정보에 그 지분을 적지 않아도 된다.
2	신탁재산에 속하는 부동산의 신탁등기는 수탁자가 단독으로 신청한다.	
3	신탁등기의 신청은 해당 신탁으로 인한 권리의 이전 또는 보존이나 설정등기의 신청과 함께 1건의 신청정보로 일괄하여 하여야 한다.	수탁자의 신탁등기신청은 해당 부동산에 관한 권리의 설정등기, 보존등기, 이전등기 또는 변경등기의 신청과 동시에 할 필요는 없다.
4	수익자 또는 위탁자는 수탁자를 대위하여 신탁등기를 신청할 수 있다.	수익자가 수탁자를 대위하여 신탁등기를 신청할 경우, 해당 부동산에 대한 권리의 설정등기와 동시에 신청하여야 한다.
5	신탁의 일부가 종료되어 권리이전등기와 함께 신탁등기의 변경등기를 할 때에는 하나의 순위번호를 사용한다.	신탁재산의 일부가 처분되어 권리이전등기와 함께 신탁등기의 변경등기를 할 경우, 각기 다른 순위번호를 사용한다.
6	수탁자가 2인 이상이면 그 공동수탁자가 합유관계라는 표시를 신청서에 기재하여야 한다.	수탁자가 여러 명인 경우 등기관은 신탁재산이 공유인 뜻을 등기부에 기록하여야 한다.
7	신탁종료로 신탁재산에 속한 권리가 이전된 경우, 수탁자는 단독으로 신탁등기의 말소등기를 신청할 수 있다.	
8	신탁등기의 말소등기신청은 권리의 이전 또는 말소등기나 수탁자의 고유재산으로 된 뜻의 등기신청과 함께 1건의 신청정보로 일괄하여 하여야 한다.	신탁재산에 속한 권리가 이전됨에 따라 신탁재산에 속하지 아니하게 된 경우, 신탁등기의 말소신청은 신탁된 권리의 이전등기가 마쳐진 후에 별도로 하여야 한다.
9	등기관이 신탁등기를 할 때에는 신탁원부를 작성하여야 하는데, 이때의 신탁원부는 등기기록의 일부로 본다.	법원이 신탁관리인 선임의 재판을 한 경우, 그 신탁관리인은 지체 없이 신탁원부 기록의 변경등기를 신청하여야 한다.
10	등기관이 신탁재산에 속하는 부동산에 관한 권리에 대하여 수탁자의 변경으로 인한 이전등기를 할 경우에는 직권으로 그 부동산에 관한 신탁원부 기록의 변경등기를 하여야 한다.	법원이 신탁 변경의 재판을 한 경우, 수탁자는 지체 없이 신탁원부 기록의 변경등기를 신청하여야 한다.
11	무효인 매매계약을 원인으로 이전등기가 된 경우, 그 등기의 말소등기를 하지 않고 매도인 명의로의 소유권이전등기를 할 수 있다.	甲소유 토지에 대해 甲과 乙의 가장매매에 의해 乙 앞으로 소유권이전등기가 된 후에 선의의 丙 앞으로 저당권설정등기가 설정된 경우, 甲과 乙은 공동으로 진정명의회복을 위한 소유권이전등기를 신청할 수 없다.
12	실체관계와 부합하지 않는 원인무효의 소유권이전등기가 甲으로부터 乙명의로 마쳐진 경우, 甲은 乙에 대하여 진정명의회복을 등기원인으로 하는 소유권이전등기를 청구할 수 있다.	판결을 받아 진정명의회복을 원인으로 소유권이전등기를 신청하는 경우 판결선고일자를 등기원인일자로 기록한다.

4. 유증으로 인한 소유권이전등기

① 등기된 부동산에 대하여 유증으로 인한 소유권이전등기는 포괄유증이든 특정유증이든 모두 상속등기를 생략하고 유증자로부터 직접 수증자 명의로 등기한다.

② 미등기부동산을 포괄유증 받은 수증자는 직접 수증자 명의로 보존등기를 할 수 있다.

③ 미등기부동산을 특정유증 받은 수증자는 직접 수증자 명의로 보존등기를 할 수 없고, 상속인 명의로 보존등기를 마친 후 자기 명의로 소유권이전등기를 하여야 한다.

구분	포괄유증의 수증자	특정유증의 수증자 암기 특ù미쳐
미등기부동산	직접 수증자 명의로 보존등기	상속인 명의로 보존등기 후 수증자 명의로 이전등기
등기된 부동산	직접 수증자 명의로 이전등기	

④ 등기신청 방식 및 효력발생 시기

구분	포괄유증	특정유증
물권변동 시기	사망 시	등기 시
등기신청 방식	공동신청 ┌ 등기권리자(수증자)	└ 등기의무자(상속인 또는 유언집행자)

⑤ 유증으로 인한 소유권이전등기의 등기원인일자는 유증자가 사망한 날을 기록한다. 다만, 유증에 조건 또는 기한이 붙은 경우에는 그 조건을 성취한 날 또는 그 기한이 도래한 날을 기록한다.

⑥ 유증으로 인한 소유권이전등기 신청이 상속인의 유류분을 침해하는 내용이라 하더라도 등기관은 이를 수리하여야 한다.

⑦ 유증으로 인한 소유권이전등기는 공동으로 신청하여야 하므로, 유증자의 등기필정보를 신청정보의 내용으로 제공하여야 한다.

5. 수용으로 인한 소유권이전등기

① 등기된 부동산이 수용된 경우 사업시행자 명의로 소유권이전등기를 한다. 반면, 미등기부동산이 수용된 경우는 사업시행자 명의로 소유권보존등기를 한다.

② 소유권이전등기는 사업시행자(예 한국토지주택공사, 현대건설)가 단독신청으로 할 수 있다. 반면, 국가나 지방자치단체가 사업시행자인 경우는 소유권이전등기를 촉탁한다.

③ 신청정보에 등기원인은 '토지수용'을, 등기원인일자는 '수용의 개시일'을 적는다. ➡ 재결일이 아닌 수용한 날

	빈출 **옳은지문 O**	빈출 **틀린지문 X**
13	유증으로 인한 소유권이전등기는 상속등기를 거치지 않고 유증자로부터 직접 수증자 명의로 등기를 신청한다.	유증으로 인한 소유권이전등기는 상속등기를 거쳐 수증자 명의로 이전등기를 신청하여야 한다.
14	미등기부동산이 특정유증된 경우, 유언집행자는 상속인 명의의 소유권보존등기를 거쳐 유증으로 인한 소유권이전등기를 신청하여야 한다.	
15	포괄유증은 수증자 명의의 등기가 없어도 유증의 효력이 발생하는 시점에 물권변동의 효력이 발생한다.	유증으로 인한 소유권이전등기는 포괄적 유증의 경우뿐만 아니라 특정적 유증의 경우도 유증자의 사망 시에 권리를 취득한다.
16		유증으로 인한 소유권이전등기는 수증자가 단독으로 신청한다.
17	유증에 기한이 붙은 경우에는 그 기한이 도래한 날을 등기원인일자로 기록한다.	
18		유증으로 인한 소유권이전등기 신청이 상속인의 유류분을 침해하는 내용인 경우에는 등기관은 이를 수리할 수 없다.
19		유증으로 인한 소유권이전등기의 등기신청정보에는 등기의무자의 등기필정보를 제공하지 않는다.
20	국가 및 지방자치단체에 해당하지 않는 등기권리자는 재결수용으로 인한 소유권이전등기를 단독으로 신청할 수 있다.	토지를 수용한 한국토지주택공사는 소유권이전등기를 단독으로 신청할 수 없다.
21	수용으로 인한 소유권이전등기는 토지수용위원회의 재결서를 등기원인증서로 첨부하여 사업시행자가 단독으로 신청할 수 있다.	
22		수용으로 인한 소유권이전등기신청서에 등기원인은 토지수용을, 그 연월일은 수용의 재결일을 기재해야 한다.

④ 수용에 의한 소유권이전등기 시 직권말소 여부

구분	소유권이전등기	소유권이전등기 외
원칙	말소하지 않는다.	직권으로 말소한다.
예외	⊙ 수용의 개시일 이후에 마쳐진 소유권이전등기는 직권으로 말소한다. ⓒ 다만, 수용의 개시일 이후에 마쳐진 소유권이전등기라도 상속이 등기원인인 경우는 말소하지 않는다.	그 부동산을 위하여 존재하는 지역권등기는 직권말소의 대상이 아니다.

참고 소유권이전등기 외: 지상권, 지역권, 전세권, 임차권, 저당권, 처분제한등기(가압류등기, 가처분등기 등)

⑤ 수용으로 인한 소유권이전등기를 마친 후 토지수용위원회의 재결이 실효된 경우, 그 소유권이전등기의 말소등기는 원칙적으로 공동신청에 의한다.

	빈출 **옳은 지문 O**	빈출 **틀린 지문 X**
23	수용의 개시일 이전에 발생한 상속을 원인으로 수용의 개시일 이후에 마쳐진 소유권이전등기는 직권말소의 대상이 아니다.	甲소유 토지에 대해 사업시행자 乙이 수용보상금을 지급한 뒤 乙명의로 재결수용에 기한 소유권이전등기를 하는 경우, 수용개시일 후 甲이 丙에게 매매를 원인으로 경료한 소유권이전등기는 <u>직권말소의 대상이 아니다</u>.
24	토지수용으로 인한 소유권이전등기 신청이 있는 경우에 그 부동산을 위하여 존재하는 지역권의 등기는 말소할 수 없다.	수용에 의한 소유권이전등기를 할 경우, 그 부동산의 <u>처분제한등기</u>와 그 부동산을 위해 존재하는 지역권등기는 직권으로 말소할 수 없다.
25	수용으로 인한 소유권이전등기가 마쳐진 후 토지수용위원회의 재결이 실효된 경우, 그 소유권이전등기의 말소등기는 원칙적으로 공동신청에 의한다.	수용으로 인한 소유권이전등기를 하는 경우, 등기권리자는 그 목적물에 설정되어 있는 근저당권설정등기의 말소등기를 <u>단독으로 신청하여야 한다</u>.

전세권등기

1. 전세권설정의 대상

① 부동산의 전부 또는 일부에 전세권을 설정할 수 있다.

② 소유권의 일부인 공유지분에는 전세권을 설정할 수 없다.

③ 농지에는 전세권을 설정할 수 없다.

2. 신청정보 및 공동전세목록

① 신청정보의 필요적 제공사항

    ㉠ 전세권설정등기를 신청하는 경우 전세권의 범위, 전세금을 기록하여야 한다.

    ㉡ 부동산의 일부에 전세권을 설정하는 경우 도면을 첨부하여야 한다.

② 신청정보의 임의적 제공사항: 존속기간, 위약금이나 배상금, 양도금지나 담보제공금지 등은 등기원인에 그 약정이 있는 경우에만 신청정보의 내용으로 제공하여야 한다.

③ 공동전세목록: 공동전세의 목적 부동산이 5개 이상인 경우 등기관은 공동전세목록을 작성하여야 한다.

3. 전세권으로 금전을 융통하는 방법

구분	전세권부 저당권설정	전세금반환채권 양도
전세권 소멸 전	○	×
전세권 소멸 후	×	○

① 전세권의 존속기간 만료 후에는 전세권에 대한 저당권설정등기를 할 수 없다.

② 전세권이 소멸한 경우 그 전세권은 전세금을 반환받는 범위 내에서 유효하고 전세금반환채권의 일부를 양도할 수 있다.

③ 등기관이 전세금반환채권의 일부양도에 따른 전세권일부이전등기를 할 때에는 양도액을 기록하고 부기등기로 실행한다.

④ 전세권설정등기가 된 후에 건물전세권의 존속기간이 만료되어 법정갱신이 된 경우라도 존속기간 연장을 위한 변경등기를 하여야 그 전세권에 대한 저당권설정등기를 할 수 있다.

참고   1. 전세권이 소멸되었으나 그 등기가 말소되지 않고 있는 건물에는 새로운 전세권의 설정등기를 할 수 없다(후등기저지력).
      2. 존속기간이 만료된 전세권에 대한 전전세는 허용되지 않는다.

4. 소재불명으로 인한 말소등기

등기의무자인 전세권자의 소재불명으로 말소등기를 공동으로 신청할 수 없는 경우, 전세권설정자는 공시최고 후 제권판결을 받아 단독으로 말소등기를 신청할 수 있다.

	빈출 옳은지문 ⭕	빈출 틀린지문 ❌
1	부동산의 일부에 대하여는 전세권설정등기를 신청할 수 있다.	건물의 특정부분이 아닌 공유지분에 대한 전세권설정등기도 <u>가능하다</u>.
2	수개의 부동산에 관한 권리를 목적으로 하는 전세권설정등기를 할 수 있다.	전세권의 사용·수익 권능을 배제하고 채권담보만을 위해 전세권을 설정한 경우, 그 전세권설정등기는 <u>유효하다</u>.
3	공유부동산에 전세권을 설정할 경우, 그 등기기록에 기록된 공유자 전원이 등기의무자이다.	
4	등기관이 전세권설정등기를 할 때에는 전세금을 기록하여야 한다.	
5	건물의 전부를 목적으로 전세권을 설정하는 경우, 그 범위를 등기기록에 기록하여야 한다.	전세권의 목적인 범위가 건물의 일부로서 특정 층 전부인 경우에는 전세권설정등기 신청서에 그 층의 <u>도면을 첨부해야 한다</u>.
6	건물의 일부에 대한 전세권설정등기를 신청하는 경우 그 건물의 도면을 제공하여야 한다.	전세권설정 범위가 <u>건물 전부인 경우</u>, 전세권설정등기 신청 시 건물도면을 첨부정보로서 등기소에 제공해야 한다.
7	등기원인에 위약금 약정이 있는 경우, 등기관은 전세권설정등기를 할 때 이를 기록한다.	등기관이 전세권설정등기를 할 때에는 반드시 <u>존속기간</u>을 기록하여야 한다.
8		토지 전세권의 존속기간 만료 후에도 토지 전세권에 대한 저당권설정등기를 <u>할 수 있다</u>.
9	전세권의 존속기간이 만료된 경우, 전세금반환채권의 일부양도를 원인으로 한 전세권 일부이전등기도 가능하다.	전세권이 소멸하기 전에 전세금반환채권의 일부양도에 따른 전세권일부이전등기를 <u>신청할 수 있다</u>.
10	전세금반환채권의 일부양도를 원인으로 한 전세권일부이전등기를 할 때 양도액을 기록한다.	
11		전세권설정등기가 된 후에 건물전세권의 존속기간이 만료되어 법정갱신이 된 경우, 존속기간 연장을 위한 <u>변경등기를 하지 않아도</u> 그 전세권에 대한 저당권설정등기를 할 수 있다.
12	전세권이 소멸되었으나 그 등기가 말소되지 않고 있는 건물에는 새로운 전세권의 설정등기를 할 수 없다.	

저당권등기

1. (근)저당권설정등기

① 「부동산등기법」상 저당권의 목적이 될 수 있는 권리는 소유권·지상권·전세권에 한하므로 등기된 임차권은 저당권의 목적이 될 수 없다.

② 토지소유권의 공유지분에는 저당권을 설정할 수 있지만, 부동산의 특정일부에 대하여는 저당권을 설정할 수 없다.

③ 저당권의 목적이 소유권 외의 권리(전세권, 지상권)인 때에는 신청정보에 그 권리의 표시를 하여야 한다.

④ 저당권설정등기의 신청정보에는 채무자와 채권액을 반드시 기록하여야 한다. 채무자의 성명과 주소는 기록하지만, 주민등록번호는 기록하지 않는다.

⑤ 금전채권이 아닌 채권을 담보하기 위한 저당권설정등기를 하는 경우 채권의 평가액을 기록하여야 한다.

⑥ 근저당권의 채권자 또는 채무자가 수인인 경우 각 채권자나 채무자별로 채권최고액을 구분하여 기록하지 않고 단일하게 기록하여야 한다.

⑦ 채권최고액을 외국통화로 표시하여 신청정보로 제공한 경우에는 외화표시금액을 채권최고액으로 기록한다.
예 '미화 금 ○○달러'

⑧ 근저당권설정등기 시 이자, 위약금, 지연배상액은 등기사항× ➡ 채권최고액에 포함된다

⑨ 근저당권의 약정된 존속기간은 등기사항○, 피담보채권의 변제기는 등기사항×
참고 존속기간은 등기원인에 그 약정이 있는 경우에만 기록한다.

⑩ 임의적 등기사항 정리

구분	변제기, 이자, 위약금	존속기간
저당권	○	×
근저당권	×	○

2. 저당권이전등기

① 저당권이전등기를 신청하는 경우 신청서에는 저당권이 채권과 같이 이전한다는 뜻을 기록하여야 한다.
➡ 저당권을 피담보채권과 분리하여 이전 신청하면 각하된다 〈나대지 말라〉

② 채권의 일부가 양도된 경우나 채권 일부에 대한 대위변제가 있는 경우 저당권의 일부이전등기를 할 수 있다. 이 경우 채권의 양도액이나 변제액을 등기하여야 한다.

	빈출 **옳은지문 O**	빈출 **틀린지문 X**
1	전세권은 저당권의 목적이 될 수 있다.	
2	토지소유권의 공유지분에 대하여 저당권을 설정할 수 있다.	1필 토지의 특정일부를 객체로 하는 저당권의 설정등기를 <u>신청할 수 있다.</u>
3		지상권을 목적으로 하는 저당권설정등기는 <u>주등기에 의</u>한다.
4	채무자와 저당권설정자가 동일한 경우에도 등기기록에 채무자를 표시하여야 한다.	채무자의 성명, 주소 및 <u>주민등록번호를 등기기록에 기</u>록하여야 한다.
5	일정한 금액을 목적으로 하지 않는 채권을 담보하기 위한 저당권설정등기를 신청하는 경우, 그 채권의 평가액을 신청정보의 내용으로 등기소에 제공하여야 한다.	일정한 금액을 목적으로 하지 아니하는 채권을 담보하기 위한 저당권설정등기는 <u>허용되지 않는다.</u>
6		근저당권설정등기를 하는 경우 그 근저당권의 채권자 또는 채무자가 수인이면 각 채권자 또는 채무자별로 채권최고액을 <u>구분하여 기록하여야 한다.</u>
7	근저당권설정등기의 신청정보의 채권최고액이 외국통화로 표시된 경우, 외화표시금액을 채권최고액으로 기록한다.	
8	근저당권설정등기에는 채권최고액과 채무자를 반드시 기록하여야 하지만, 근저당권의 존속기간은 그렇지 않다.	근저당권의 존속기간은 <u>등기할 수 없다.</u>
9	근저당권의 피담보채권의 변제기는 등기사항이 아니다.	근저당권설정등기의 신청정보로 변제기 및 이자를 <u>제공하여야 한다.</u>
10	저당권의 이전등기를 신청하는 경우에는 저당권이 채권과 같이 이전한다는 뜻을 신청정보의 내용으로 등기소에 제공하여야 한다.	
11	피담보채권의 일부양도를 이유로 저당권의 일부이전등기를 하는 경우, 등기관은 그 양도액도 기록하여야 한다.	
12	제3자가 채무자의 채무를 일부 변제한 경우, 그 대위변제를 이유로 저당권 일부이전등기가 신청된 경우, 등기관은 변제액을 기록하여야 한다.	채권의 일부에 대한 대위변제로 인한 저당권 일부이전등기는 <u>불가능하다.</u>

3. 저당권말소등기

① 저당권설정등기 후 저당권이 이전된 때, 변제 등으로 저당권을 말소한 경우 현재의 저당권자인 양수인만이 등기의무자가 되고 종전의 저당권자는 등기의무자가 될 수 없다.

② 저당권설정등기 후 저당권이 이전된 경우, 주등기인 근저당권설정등기의 말소신청을 하면 부기등기인 저당권이전등기는 등기관이 직권으로 말소한다.

③ 저당권이 설정된 후 소유권이 이전된 경우, 저당권설정자 또는 제3취득자가 등기권리자가 되고, 저당권자가 등기의무자가 되어 공동으로 말소등기를 신청한다.

구분	등기권리자	등기의무자
저당권이 이전된 경우	저당권설정자	현재의 저당권자(양수인)○ 종전의 저당권자×
소유권이 이전된 경우	저당권설정자 또는 제3취득자	저당권자

4. 공동저당

① 공동저당설정등기를 신청하는 경우 각 부동산에 관한 권리의 표시를 신청정보의 내용으로 등기소에 제공하여야 한다.

② 등기관이 공동저당의 설정등기를 하는 경우, 각 부동산의 등기기록 중 해당 등기의 끝부분에 공동담보라는 뜻의 기록을 해야 한다.

③ 공동저당의 목적 부동산이 5개 이상인 경우 등기관은 공동담보목록을 작성하여야 한다.

④ 공동저당권의 대위등기는 차순위(후순위) 저당권자가 등기권리자가 되고 선순위 저당권자가 등기의무자가 되어 공동으로 신청한다.

⑤ 공동저당권의 대위등기는 대위등기의 목적이 된 저당권등기에 부기등기로 한다.

⑥ 등기관이 공동저당의 대위등기를 할 때에는 매각 부동산, 매각대금, 선순위 저당권자가 변제받은 금액 등을 기록하여야 한다.

빈출 **옳은 지문 O**   빈출 **틀린 지문 X**

	빈출 옳은 지문 O	빈출 틀린 지문 X
13	부동산에 관한 근저당권설정등기의 말소등기를 함에 있어 근저당권 설정 후 소유권이 제3자에게 이전된 경우, 근저당권설정자 또는 제3취득자는 근저당권자와 공동으로 그 말소등기를 신청할 수 있다.	근저당권설정등기 후 소유권이 제3자에 이전된 경우, 제3취득자가 <u>근저당권설정자</u>와 공동으로 그 근저당권말소등기를 신청할 수 있다.
14	근저당권이 이전된 후 근저당권의 양수인은 소유자인 근저당권설정자와 공동으로 그 근저당권말소등기를 신청할 수 있다.	
15	여러 개의 부동산에 관한 권리를 목적으로 하는 저당권의 설정등기를 신청하는 경우에는 신청정보에 각 부동산에 관한 권리를 표시하여야 한다.	
16	등기관이 공동저당의 설정등기를 하는 경우, 각 부동산의 등기기록 중 해당 등기의 끝부분에 공동담보라는 뜻의 기록을 해야 한다.	
17	공동저당의 목적 부동산이 5개 이상이면 등기관은 공동담보목록을 작성하여야 한다.	<u>3개</u>의 부동산이 공동담보의 목적물로 제공되는 경우, 등기관은 공동담보목록을 작성하여야 한다.
18	공동저당의 대위등기를 신청하는 경우, 후순위 저당권자가 등기권리자가 되고, 선순위 저당권자가 등기의무자가 되어 공동으로 신청하여야 한다.	
19	채무자가 변제하지 않아 선순위 저당권자가 우선 A부동산을 경매하여 변제받은 경우, 후순위 저당권자로서 대위등기를 할 때 '선순위 저당권자가 변제받은 금액'과 '매각대금'을 신청정보의 내용으로 제공하여야 한다.	공동저당 부동산 중 일부의 매각대금을 먼저 배당하여 경매부동산의 후순위 저당권자가 대위등기를 할 때, <u>매각대금을 기록하는 것이 아니라</u> 선순위 저당권자가 변제받은 금액을 기록해야 한다.

변경등기

1. 변경등기(후발적으로 일부가 불일치하는 경우)

(1) 부동산의 표시변경등기(분할, 합병, 지목변경, 구분 등이 있는 경우)

① 부동산의 표시에 관한 변경의 사실이 있으면 먼저 대장의 등록사항을 변경하고, 소유권의 등기명의인은 그 사실이 있는 때로부터 1개월 이내에 변경등기를 단독으로 신청하여야 한다. ➡ 위반하더라도 과태료x

② 부동산의 표시변경등기를 신청하는 경우, 부동산의 변경 전과 변경 후의 표시에 관한 정보를 신청정보의 내용으로 등기소에 제공하여야 한다. 첨부정보로 대장(토지, 건축물)을 제공한다. 암기 대표보이

③ 부동산의 표시변경등기는 주등기의 방법에 의하고 변경 전 등기사항을 말소한다.

④ 행정구역 또는 그 명칭이 변경되었을 때에는 등기기록에 기록된 행정구역 또는 그 명칭에 대하여 변경등기가 있는 것으로 본다. 이 경우에 공시를 명확하게 하기 위하여 등기관은 직권으로 부동산의 표시변경등기를 할 수 있다.

(2) 등기명의인의 표시변경등기(등기명의인의 표시인 성명, 주민등록번호, 주소가 변경된 경우)

① 등기명의인의 단독신청으로 하고, 항상 부기등기로 실행한다.

② 행정구역 또는 그 명칭이 변경되었을 때에는 등기기록에 기록된 행정구역 또는 그 명칭에 대하여 변경등기가 있는 것으로 본다. 이 경우 공시를 명확하게 하기 위하여 등기관은 직권으로 등기명의인의 주소변경등기를 할 수 있다.

(3) 권리의 변경등기

① 권리의 내용에 변경이 생긴 경우에 한다. 예 저당권에서 채권액, 전세권에서 전세금 등

② 권리의 변경등기 실행

부기등기	등기상 이해관계인이 없거나, 이해관계인의 승낙서를 첨부한 경우
주등기	이해관계인의 승낙서를 첨부하지 못한 경우

참고 부동산의 표시에 관한 변경이나 경정등기에서는 등기상 이해관계 있는 제3자의 승낙 유무가 문제될 여지가 없다.

2. 등기 개념 비교 정리

변경등기	후발적으로 일부 불일치
경정등기	원시적으로 일부 불일치
말소등기	시점 불문하고 전부 불일치
멸실등기	부동산이 전부 소멸 ➡ 부동산이 일부 소멸하면 부동산의 표시변경등기

	빈출 **옳은지문 O**	빈출 **틀린지문 X**
1	건물의 구조가 변경된 경우에는 변경등기를 신청하기 전에 먼저 건축물대장의 등록사항을 변경하여야 한다.	토지의 지목변경이 있는 경우 그 토지 소유명의인은 <u>60일 이내에 표시변경의 등기신청을 하여야</u> 한다.
2	합병등기를 신청하는 경우, 합병 후 건물의 변경 전과 변경 후의 표시에 관한 정보를 신청정보의 내용으로 등기소에 제공하여야 한다.	
3		건물의 면적이 변경된 경우에는 <u>부기등기의 방법</u>에 의하여 변경등기를 한다.
4	행정구역이 변경되면, 등기기록에 기록된 행정구역에 대하여 변경등기가 있는 것으로 본다.	행정구역 명칭의 변경이 있을 때에는 <u>등기명의인의 신청에 의하여</u> 변경된 사항을 등기하여야 한다.
5		합병으로 소멸한 甲회사의 부동산을 그 합병으로 설립된 乙회사의 명의로 하기 위해서는 <u>등기명의인의 표시변경등기</u>를 한다.
6	등기명의인이 개명한 경우에 하는 등기명의인의 표시변경등기는 부기등기로 한다.	등기명의인의 표시를 변경하는 경우에는 <u>등기권리자와 등기의무자가 공동으로 등기를 신청</u>하여야 한다.
7	권리변경등기는 등기상 이해관계인의 승낙을 얻으면 부기등기로 실행할 수 있다.	권리의 변경등기는 등기상 이해관계 있는 제3자의 승낙이 없는 경우에도 <u>부기로 등기할 수 있다</u>.
8	전세금을 증액하는 전세권변경등기는 등기상 이해관계 있는 제3자의 승낙이 없으면 부기등기가 아닌 주등기로 해야 한다.	권리의 변경등기는 그 등기로 등기상 이해관계 있는 제3자의 권리가 침해되는 경우, 그 제3자의 승낙 또는 이에 대항할 수 있는 재판이 있음을 증명하는 정보의 제공이 없으면 <u>부기등기</u>로 할 수 있다.
9	부동산의 표시에 관한 경정등기에서는 등기상 이해관계 있는 제3자의 승낙의 유무가 문제될 여지가 없다.	
10	이미 종료된 등기의 절차에 착오 또는 빠진 부분이 있어 원시적으로 등기일부와 실체관계 사이에 불일치가 생긴 경우, 이를 시정하기 위하여 하는 등기를 경정등기라 한다.	등기 후 등기사항에 변경이 생겨 등기와 실체관계가 일치하지 않을 때는 <u>경정등기를 신청</u>하여야 한다.

말소등기

1. 말소등기의 요건

① 기존 등기의 전부가 부적법할 것. 일부가 부적법한 때에는 '변경등기나 경정등기'를 한다.

② 등기의 말소를 신청하는 경우에 그 말소에 대하여 등기상 이해관계 있는 제3자가 있을 때에는 제3자의 승낙이 있어야 한다. 승낙서 등을 첨부하지 못하면 각하된다.

③ 말소등기와 등기기록상 양립할 수 없는 자는 말소등기를 하는 데 있어 이해관계인이 될 수 없다.

이해관계인○	㉠ 지상권등기를 말소하는 경우 그 지상권을 목적으로 하는 저당권자
	㉡ 소유권보존등기를 말소하는 경우 가압류권자
이해관계인×	㉠ 선순위 소유권이전등기를 말소하는 데 있어 후순위 소유권의 등기명의인
	㉡ 1순위 저당권의 말소등기 시 2순위 저당권자
	㉢ 2순위 저당권의 말소등기 시 1순위 저당권자
	㉣ 저당권의 말소등기 시 해당 부동산에 대한 지상권자

④ 말소등기의 말소등기는 허용되지 않으므로 말소회복등기를 하여야 한다.

2. 말소등기의 개시유형

공동신청(원칙)	말소등기도 등기신청의 일반원칙에 따라 등기권리자와 등기의무자의 공동신청에 의한다.
단독신청	① 판결에 의한 말소등기 ② 소유권보존등기의 말소등기 ③ 등기권리자가 등기의무자의 소재불명으로 인하여 공동으로 등기의 말소를 신청할 수 없을 때에는 공시최고를 신청한 후 제권판결이 있으면 등기권리자가 단독으로 등기의 말소를 신청할 수 있다. ④ 가등기의 말소등기는 일반원칙에 따라 공동신청이 원칙이나 가등기명의인이 단독으로 신청할 수 있고, 가등기명의인의 승낙을 받아 가등기의무자 또는 가등기에 관하여 등기상 이해관계 있는 자도 단독으로 말소를 신청할 수 있다.
직권에 의한 말소	① 관할 위반인 경우(법 제29조 제1호)·사건이 등기할 것이 아닌 경우(제2호)의 등기는 등기관이 일정한 절차를 거쳐 직권으로 말소하여야 한다. ② 말소등기 시 말소할 등기를 목적으로 하는 제3자의 승낙이 있을 경우 이해관계 있는 제3자 명의의 등기는 등기관이 직권으로 말소한다. ③ 등기관은 가등기에 의한 본등기를 하였을 때에는 가등기 이후에 된 등기로서 가등기에 의하여 보전되는 권리를 침해하는 등기를 직권으로 말소하여야 한다. ④ 등기관이 수용으로 인한 소유권이전등기를 하는 경우 그 부동산의 등기기록 중 소유권 외의 권리(그 부동산을 위하여 존재하는 지역권 제외), 그 밖의 처분제한에 관한 등기가 있으면 그 등기를 직권으로 말소하여야 한다. ⑤ 농지를 목적으로 하는 전세권설정등기가 실행된 경우, 등기관은 이를 직권으로 말소할 수 있다. ⑥ 환매에 따른 권리취득의 등기를 하였을 때에는 환매특약의 등기를 직권으로 말소하여야 한다.

참고 말소등기의 실행

등기를 말소할 때에는 말소의 등기를 한 후 해당 등기를 말소하는 표시를 하여야 한다. 말소등기는 항상 주등기로 한다.

	빈출 **옳은지문 ○**	빈출 **틀린지문 ✗**
1	말소등기는 기존의 등기가 원시적 또는 후발적인 원인에 의하여 등기사항 전부가 부적법할 것을 요건으로 한다.	등기의 일부를 말소하는 것도 말소등기에 해당한다.
2	말소등기를 신청하는 경우, 그 말소에 대하여 등기상 이해관계 있는 제3자가 있으면 그 제3자의 승낙이 필요하다.	
3	저당권의 목적이 된 소유권의 말소등기에 있어서는 이해관계인인 저당권자의 동의가 필요하다.	
4	지상권등기를 말소하는 경우 그 지상권을 목적으로 하는 저당권자는 등기상 이해관계인에 해당한다.	甲, 乙, 丙 순으로 소유권이전등기가 된 상태에서 乙명의의 소유권이전등기를 말소할 때에는 등기상 이해관계 있는 제3자 丙의 승낙이 있어야 한다.
5	소유권보존등기를 말소하는 경우 가압류권자는 등기상 이해관계인에 해당한다.	순위 1번 저당권등기를 말소하는 경우 순위 2번 저당권자는 등기상 이해관계인에 해당한다.
6		토지에 대한 저당권등기를 말소하는 경우 그 토지에 대한 지상권자는 등기상 이해관계인에 해당한다.
7		말소되는 등기의 종류에는 제한이 없으며, 말소등기의 말소등기도 허용된다.
8	지상권의 존속기간이 만료된 경우, 토지소유자는 그 지상권자와 공동으로 말소등기를 신청할 수 있다.	권리의 말소등기는 단독으로 신청하는 것이 원칙이다.
9	등기의 말소를 공동으로 신청해야 하는 경우, 등기의무자의 소재불명으로 제권판결을 받으면 등기권리자는 그 사실을 증명하여 단독으로 등기의 말소를 신청할 수 있다.	
10	가등기의무자는 가등기명의인의 승낙을 받아 단독으로 가등기의 말소를 신청할 수 있다.	
11	등기를 신청한 권리가 실체법상 허용되지 않는 것임에도 불구하고 등기관의 착오로 등기가 완료된 때에는 등기관은 직권으로 등기를 말소한다.	
12		말소등기 신청 시 등기의 말소에 대하여 등기상 이해관계 있는 제3자의 승낙이 있는 경우, 그 제3자 명의의 등기는 등기권리자의 단독신청으로 말소된다.
13	농지를 목적으로 하는 전세권설정등기가 실행된 경우, 등기관은 이를 직권으로 말소할 수 있다.	농지를 목적으로 하는 전세권설정등기가 실행된 경우 당사자의 신청이 있어야 말소할 수 있다.
14	환매에 의한 권리취득의 등기를 하였을 때에는 환매특약의 등기를 직권으로 말소하여야 한다.	

부기등기

1. 부기등기

① 부기등기란 주등기 또는 부기등기의 <u>순위번호</u>에 가지번호를 붙여서 하는 등기를 말한다.
② 부기등기의 부기등기도 할 수 있다. 예 환매권의 이전등기
③ 부기등기의 순위는 <u>주등기의 순위</u>를 따르며, 같은 주등기에 관한 부기등기 상호 간의 순위는 그 등기 순서에 따른다.

2. 주등기 · 부기등기 정리

주등기	부기등기
① <u>소유권</u>이전등기	① 소유권 외의 권리의 이전등기 • 전세권이전등기, 저당권이전등기 • 가등기상의 권리의 이전등기
② <u>소유권을 목적으로 하는 권리에 관한 등기</u> 예 전세권설정등기, 지상권설정등기, 저당권설정등기 등	② 소유권 외의 권리를 목적으로 하는 권리에 관한 등기 • 전세권자가 설정한 저당권, 전전세권 • 저당권부 채권질권(권리질권)
③ <u>소유권에 대한 처분제한등기</u> • 소유권에 대한 가압류등기 • 소유권에 대한 가처분등기 • 소유권에 대한 경매개시결정등기	③ <u>소유권 외의 권리에 대한 처분제한등기</u> • 전세권에 대한 가압류등기 • 전세권에 대한 가처분등기 • 가등기상의 권리에 대한 가압류등기
④ <u>표제부등기</u> • 부동산의 표시변경등기 • 멸실등기 ⑤ 모든 <u>말소등기</u> ⑥ 전부말소회복등기 암기 전주일부	④ 환매특약등기 ⑤ 권리소멸약정등기 ⑥ 공유물분할금지의 약정등기
	⑦ <u>등기명의인의 표시변경(경정)등기</u> ⑧ 권리의 변경이나 경정등기. 다만, 등기상 이해관계 있는 제3자의 승낙이 없는 경우에는 주등기로 실행한다. ⑨ <u>일부말소회복등기</u> 암기 전주일부

	빈출 **옳은지문 O**	빈출 **틀린지문 X**
1	환매권의 이전등기는 부기등기의 부기등기로 실행한다.	
2	1개의 주등기에 여러 개의 부기등기가 있는 경우, 그 부기등기 상호 간의 순위는 그 등기 순서에 의한다.	
3	지상권의 이전등기는 부기등기로 한다.	
4	가등기에 의하여 보전된 소유권이전청구권을 양도한 경우, 그 청구권의 이전등기는 가등기에 대한 부기등기로 한다.	가등기상 권리를 제3자에게 양도하는 경우에 그 이전등기는 <u>부기등기가 아닌 주등기</u>의 형식으로 한다.
5		지상권설정등기는 <u>부기등기</u>로 실행한다.
6	전세권을 목적으로 하는 저당권설정등기는 부기등기로 한다.	
7	지상권을 목적으로 하는 저당권설정등기는 부기등기로 한다.	
8	전전세권등기는 부기등기로 한다.	
9	소유권에 대한 가처분등기는 주등기로 한다.	소유권처분제한의 등기는 <u>부기등기</u>로 실행한다.
10	부동산의 표시변경등기는 주등기로 실행한다.	
11	등기의 전부가 말소된 경우 그 회복등기는 주등기로 실행한다.	
12	등기원인에 권리소멸약정이 있으면, 그 약정의 등기는 부기로 한다.	
13	공유물(共有物)을 분할하지 않기로 하는 약정의 등기는 부기등기로 한다.	
14	등기명의인이 개명한 경우에 하는 등기명의인의 표시변경등기는 부기등기로 한다.	
15	권리변경등기는 등기상 이해관계인의 승낙을 얻으면 부기등기로 실행할 수 있다.	이해관계 있는 제3자의 승낙을 얻은 저당권변경등기는 <u>주등기</u>로 실행할 수 있다.
16	전세금을 9천만원에서 1억원으로 증액하는 전세권변경등기는 등기상 이해관계 있는 제3자의 승낙이 없으면 부기등기가 아닌 주등기로 실행한다.	전세금을 증액하는 전세권변경등기는 등기상 이해관계 있는 제3자의 승낙이 없으면 <u>부기등기</u>로 해야 한다.

가등기

1. 가등기의 의의

가등기란 <u>등기되는 권리</u>의 <u>청구권</u>을 보전하기 위한 <u>임시적인</u> 등기이다.

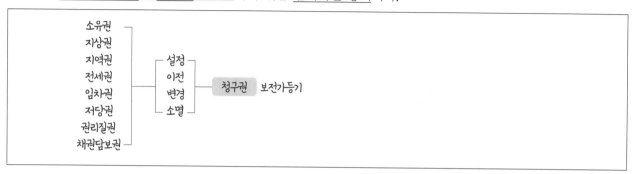

2. 가등기의 허용 여부

가등기를 할 수 있는 경우	가등기를 할 수 없는 경우
① 설정·이전·변경 또는 소멸의 청구권	① 소유권보존등기
② 채권적 청구권	② 물권적 청구권
③ 장래에 확정될 청구권	③ 종기부 또는 해제조건부 청구권
④ 시기부 또는 정지조건부 청구권	

3. 가등기의 신청 및 가등기의 말소등기 신청

구분	원칙	예외(단독신청)	
가등기 신청	공동 신청	① 승소 판결을 받은 경우 ② 부동산 소재지를 관할하는 지방법원의 가등기가처분명령이 있을 때, 이를 증명하는 정보를 첨부한 경우 [암기 가가단] ③ 가등기의무자의 승낙서를 첨부한 경우	가등기권리자의 단독신청
가등기 말소 신청		① 가등기명의인이 신청한 경우 ② 가등기의무자나 등기상 이해관계인이 가등기명의인의 승낙서를 첨부한 경우 [참고] 가등기 이후에 마쳐진 근저당권자나 소유권을 취득한 제3취득자 등이 가등기에 관하여 등기상 이해관계 있는 자에 해당한다.	

4. 가등기상의 권리의 이전등기

<u>가등기로 보전된 물권변동의 청구권</u>(예 소유권이전청구권)을 양도한 경우 그 가등기상의 권리의 이전등기는 가등기에 대한 부기등기 형식으로 실행할 수 있다.

	빈출 **옳은 지문 O**	빈출 **틀린 지문 X**
1	지상권설정청구권을 보전하기 위한 가등기는 을구에 한다.	
2		부동산임차권의 변동을 목적으로 하는 청구권을 보전하기 위하여 가등기를 신청할 수 없다.
3	소유권보존등기청구권을 보전하기 위한 가등기는 할 수 없다.	근저당권 채권최고액의 변경등기청구권을 보전하기 위해 가등기를 할 수 없다.
4	물권적 청구권을 보전하기 위한 가등기는 허용되지 않는다.	사인증여로 인하여 발생한 소유권이전등기청구권을 보전하기 위한 가등기는 할 수 없다.
5	매매예약완결권의 행사로 소유권이전청구권이 장래에 확정되게 될 경우, 이 청구권을 미리 보전하기 위한 가등기를 할 수 있다.	가등기에 의하여 보전하려는 청구권이 장래에 확정될 것인 경우에는 가등기를 할 수 없다.
6	소유권이전등기청구권이 정지조건부일 경우, 그 청구권 보전을 위한 가등기를 신청할 수 있다.	해제조건부 청구권에 대해서도 가등기를 할 수 있다.
7	가등기권리자는 가등기를 명하는 법원의 가처분명령이 있는 경우에는 단독으로 가등기를 신청할 수 있다.	가등기를 명하는 법원의 가처분명령이 있을 때에는 법원의 촉탁에 의하여 가등기를 하게 된다.
8		가등기를 명하는 가처분명령은 가등기권리자의 주소지를 관할하는 지방법원이 할 수 있다.
9	가등기명의인은 단독으로 그 가등기의 말소를 신청할 수 있다.	
10	가등기에 관하여 등기상 이해관계 있는 자도 가등기명의인의 승낙을 받아 단독으로 가등기의 말소를 신청할 수 있다.	
11	가등기 후 소유권을 취득한 제3취득자는 가등기 말소를 신청할 수 있다.	
12	가등기에 의하여 순위 보전의 대상이 되어 있는 물권변동 청구권이 양도된 경우, 그 가등기상의 권리에 대한 이전등기를 할 수 있다.	
13	가등기에 의하여 보전된 소유권이전청구권을 양도한 경우, 그 청구권의 이전등기는 가등기에 대한 부기등기로 한다.	가등기상 권리를 제3자에게 양도하는 경우에 그 이전등기는 부기등기가 아닌 주등기의 형식으로 한다.
14		가등기권리자는 무효인 중복등기에 관하여 말소를 청구할 수 있는 권리가 있다.

5. 가등기의 효력

가등기는 <u>순위보전의 효력</u>만 있을 뿐 대항력이나 추정력, 물권변동의 효력, 처분금지효력 등은 인정되지 않는다.

> **참고** 등기의 추정력은 본등기인 종국등기에만 인정되는 것으로 가등기에는 추정력이 인정되지 않는다. 즉, 소유권이전청구권보전가등기가 있다고 하여 소유권이전등기를 청구할 어떤 실체적 법률관계가 존재하는 것으로 추정되는 것은 아니다.

6. 가등기에 기한 본등기

(1) 가등기에 기한 본등기도 등기신청의 일반원칙에 따라 <u>공동으로 신청</u>한다. 다만, 가등기의무자가 본등기에 협조하지 않으면 가등기권리자는 판결을 받아 <u>단독</u>으로 본등기를 신청할 수 있다.

등기권리자	① 하나의 가등기에 여러 사람의 가등기권리자가 있는 경우, <u>일부의 가등기권리자가 자기의 가등기 지분에 관하여 본등기를 신청할 수 있다.</u> 암기 지가유 ② <u>일부의 가등기권리자가 가등기 전부에 대한 본등기를 신청할 수는 없다.</u>
등기의무자	가등기 후 제3취득자가 있을 지라도 본등기의 등기의무자는 제3취득자가 아니고, 가등기의무자가 된다. 암기 그때 그 사람

(2) 본등기의 실행 및 효력

① 가등기에 기한 본등기는 가등기의 순위번호를 사용하므로 별도의 순위번호를 기록하지 않는다.

➡ 가등기는 본등기의 순위보전의 효력이 있다

② <u>실체법상의 효력</u>은 가등기 시로 소급하지 않고, 본등기 시에 발생한다.

③ 가등기에 기하여 본등기를 마친 후 가등기를 말소하지 않는다. ➡ 가등기를 말소하는 표시×

7. 가등기에 기한 본등기 후 직권말소 여부

(1) 소유권이전등기청구권보전 가등기에 기하여 소유권이전의 본등기를 한 경우

① 등기관은 가등기에 기하여 본등기를 하였을 때에는 가등기 이후에 된 등기로서 가등기에 의하여 보전되는 청구권을 침해하는 등기를 직권으로 말소하여야 한다.

② 다만, 다음의 등기는 직권말소의 대상이 아니다.

> ㉠ <u>가등기 전에 마쳐진</u> 저당권, 전세권 및 담보가등기에 의하여 마쳐진 임의경매개시결정등기
> ㉡ <u>가등기 전에 마쳐진</u> 가압류에 의하여 마쳐진 강제경매개시결정등기
> ㉢ 해당 <u>가등기상의 권리를 목적</u>으로 하는 가압류등기나 가처분등기
> ㉣ 가등기권자에게 대항할 수 있는 주택임차권등기나 주택임차권설정등기 등

(2) 저당권설정등기청구권보전 가등기에 기하여 저당권설정의 본등기를 한 경우: 본등기를 하더라도 어떤 등기도 말소되지 않는다. 암기 저는 괜찮아유~

(3) 지상권(전세권, 임차권)설정등기청구권보전 가등기에 기하여 지상권(전세권, 임차권)설정의 본등기를 한 경우

① 가등기 후 본등기 전에 마쳐진 <u>용익권(지상권, 전세권, 임차권 등)</u>은 직권말소 된다. 암기 용용 죽겠지

② 가등기 후 본등기 전에 마쳐진 용익권 외의 등기(소유권이전, 저당권 등)는 직권말소의 대상이 아니다.

빈출 옳은 지문 O	빈출 틀린 지문 X
15 소유권이전등기청구권보전을 위한 가등기가 있더라도 소유권이전등기를 청구할 어떤 법률관계가 있다고 추정되는 것은 아니다.	
16 가등기에 기한 본등기는 공동신청이 원칙이나, 등기의무자의 협력이 없는 경우에는 의사진술을 명하는 판결을 받아 등기권리자가 단독으로 신청할 수 있다.	
17 가등기에 기한 본등기 신청은 가등기된 권리 중 일부지분에 대하여도 할 수 있다.	하나의 가등기에 관하여 여러 사람의 가등기권리자가 있는 경우에 그중 일부의 가등기권리자가 자기의 가등기 지분에 관하여 본등기를 <u>신청할 수 없다</u>.
18 가등기권리자가 여럿인 경우, 그중 1인이 공유물보존행위에 준하여 가등기 전부에 관한 본등기를 신청할 수 없다.	甲이 乙소유 토지에 대한 소유권이전청구권을 보전하기 위하여 가등기를 한 후 乙이 그 토지를 丙에게 양도한 경우, 甲의 본등기청구의 <u>상대방은 丙이다</u>.
19 가등기 후 본등기의 신청이 있는 경우, 가등기의 순위번호를 사용하여 본등기를 하여야 한다.	가등기권리자가 가등기에 기한 본등기를 하면 실체법상의 효력은 <u>가등기한 날로 소급하여 발생한다</u>.
20 가등기에 의한 본등기를 한 경우, 본등기의 순위는 가등기의 순위에 따른다.	소유권이전청구권 가등기에 기하여 본등기를 하는 경우, 등기관은 그 <u>가등기를 말소하는 표시</u>를 하여야 한다.
21 가등기에 기한 본등기를 하면 가등기와 본등기 사이에 행하여진 등기로서 본등기와 양립할 수 없는 등기는 직권말소한다.	
22 소유권이전등기청구권보전을 위한 가등기가 마쳐진 부동산에 처분금지가처분등기가 된 후 본등기가 이루어진 경우, 그 본등기로 가처분채권자에게 대항할 수 있다.	
23 가등기 전에 마쳐진 저당권에 의한 임의경매개시결정등기는 비록 가등기 후에 마쳐진 경우라도 직권말소의 대상이 아니다.	가등기에 기한 소유권이전의 본등기를 한 경우 가등기 후에 마쳐진 해당 가등기에 대한 가압류등기는 <u>직권말소된다</u>.
24 가등기권리자에게 대항할 수 있는 주택임차권등기는 비록 가등기 후에 마쳐진 경우라도 직권말소의 대상이 아니다.	소유권이전등기청구권보전 가등기에 의한 본등기를 한 경우, 등기관은 그 가등기 후 본등기 전에 마친 <u>등기 전부</u>를 직권말소한다.
25 저당권설정등기청구권보전 가등기에 의한 본등기를 한 경우, 등기관은 가등기 후 본등기 전에 마친 제3자 명의의 부동산용익권 등기를 직권말소할 수 없다.	지상권의 설정등기청구권보전 가등기에 의하여 지상권 설정의 본등기를 한 경우, 가등기 후 본등기 전에 마쳐진 저당권설정등기는 등기관이 <u>직권으로 말소한다</u>.
26 임차권설정등기청구권보전 가등기에 의한 본등기를 마친 경우, 등기관은 가등기 후 본등기 전에 가등기와 동일한 부분에 마친 부동산용익권 등기를 직권말소한다.	임차권설정등기청구권보전 가등기에 의한 본등기를 한 경우, 가등기 후 본등기 전에 마쳐진 저당권설정등기는 <u>직권말소의 대상이다</u>.

신청정보

1. 신청정보의 작성방법

① 1건 1신청주의 원칙: 등기의 신청은 1건당 1개의 부동산에 관한 신청정보를 제공하는 방법으로 하여야 한다.

② 일괄신청

　㉠ 등기목적과 등기원인이 동일한 경우에는 여러 개의 부동산에 관한 신청정보를 일괄하여 제공하는 방법으로 할 수 있다.

　㉡ 같은 채권의 담보를 위하여 소유자가 다른 여러 개의 부동산에 대한 저당권설정등기를 신청하는 경우 1건의 신청정보로 일괄하여 신청할 수 있다.

　　참고 일괄신청 시 '관할등기소가 동일해야 한다'는 요건은 삭제됨

2. 신청정보의 제공사항

(1) 필요적 제공사항

① 부동산의 표시	㉠ 토지의 표시: 소재, 지번, 지목, 면적
	㉡ 건물의 표시: 소재, 지번, 구조, 종류, 면적, 건물명칭, 건물번호 등
② 신청인	㉠ 공유인 경우에는 신청정보에 그 지분을 적어야 한다.
	㉡ 합유인 때에는 그 뜻을 적어야 한다. 합유지분은 기록하지 않는다.
	㉢ 대리인: 대리인의 성명과 주소는 제공하지만, 주민등록번호는 제공하지 않는다.
	㉣ 법인: 그 대표자의 성명과 주소를 제공하지만, 주민등록번호는 제공하지 않는다.
	㉤ 법인 아닌 사단·재단: 대표자나 관리인의 성명, 주소, 주민등록번호를 제공한다.
③ 등기원인과 그 연월일　④ 등기의 목적　⑤ 등기필정보　⑥ 관할 등기소의 표시	

(2) 임의적 제공사항

① 임의적 제공사항이 등기되었을 때에는 대항력이 발생한다.

② 등기원인에 등기의 목적인 권리의 소멸약정이 있는 경우 그 사항을 신청정보로 제공하여야 한다.

③ 등기원인에 공유물분할금지약정이 있는 경우에는 이를 신청정보로 제공하여야 한다.

④ 환매특약등기를 신청할 때 등기원인에 환매기간이 정해져 있는 경우에만 이를 신청정보로 제공하여야 한다.

(3) 신청정보의 권리별 필요적·임의적(약정이 있는 경우) 제공사항 정리

구분	필요적 제공사항	임의적 제공사항	구분	필요적 제공사항	임의적 제공사항
지상권	범위, 목적	존속기간, 지료	임차권	범위, 차임	존속기간, 보증금, 차임지급시기
지역권	범위, 목적, 요역지	존속기간×, 지료×	저당권	채권액, 채무자	변제기, 이자, 위약금
전세권	범위, 전세금	존속기간, 위약금약정	근저당권	채권최고액, 채무자	존속기간

참고 지역권의 '지료' 및 '존속기간'은 등기사항이 아니다.

	빈출 **옳은 지문 O**	빈출 **틀린 지문 X**
1	같은 채권의 담보를 위하여 여러 개의 부동산에 대한 저당권설정등기를 신청하는 경우, 부동산의 관할 등기소가 서로 다르더라도 1건의 신청정보로 일괄하여 등기를 신청할 수 있다.	
2	토지소유권이전등기의 신청정보에는 토지의 소재, 지번, 지목, 면적과 관할등기소의 표시를 제공하여야 한다.	토지에 대한 소유권이전등기를 신청하는 경우, 토지의 표시에 관한 사항으로 면적과 표시번호를 신청정보로 제공하여야 한다.
3	소유권의 일부이전(공유)의 등기를 신청하는 경우에는 신청정보로 그 지분을 제공하여야 한다.	甲과 乙이 토지를 공유하기로 하고 매수하여 이전등기를 신청하는 경우, 신청정보로 그 지분을 제공하지 않아도 된다.
4	대리인에 의하여 등기를 신청하는 경우에 그 대리인의 주민등록번호는 신청정보로 제공하지 않는다.	신청인이 법인 아닌 사단인 경우, 그 대표자의 주민등록번호는 신청정보로 제공하지 않는다.
5	지상권설정등기를 할 때에 등기원인에 존속기간의 약정이 있는 경우, 그 존속기간은 등기사항이다.	
6	지역권설정등기 시 승역지소유자가 공작물의 설치의무를 부담하는 약정을 한 경우, 등기원인에 그 약정이 있는 경우에만 이를 기록한다.	지역권설정등기를 할 때에 등기원인에 지료의 약정이 있는 경우, 그 지료는 등기사항이다.
7	임차권설정등기를 할 때에 등기원인에 임차보증금이 있는 경우, 그 임차보증금은 등기사항이다.	
8	등기원인에 위약금약정이 있는 경우, 등기관은 전세권설정등기를 할 때 이를 기록한다.	전세권설정등기를 신청하는 경우 전세권설정계약서에 전세권의 존속기간이 정해진 경우라도 전세권의 존속기간을 신청정보로 제공하여야 하는 것은 아니다.
9	임차권설정등기를 할 때에 등기원인에 차임시기의 약정이 있는 경우, 그 차임지급시기는 등기사항이다.	
10	임대차 차임지급시기에 관한 약정이 있는 경우, 임차권등기에 이를 기록하지 않더라도 임차권 등기는 유효하다.	

등기필정보

1. 등기필정보의 제공(등기신청 시)

제공하는 경우	① 공동신청 또는 승소한 등기의무자의 단독신청에 의하여 권리에 관한 등기를 신청하는 경우로 한정한다. 암기 필승의공 ② 공동신청: 유증에 의한 소유권이전등기, 저당권설정등기, 전세권설정등기 등
제공하지 않는 경우	① 단독신청: 소유권보존등기, 상속등기, 등기명의인의 표시변경등기, 부동산의 표시변경등기 ② 승소한 등기권리자가 단독신청하는 경우 ➡ 등기의무자는 찢어버리지 협조할 리가 없다 ③ 관공서가 등기를 촉탁한 경우
제공할 수 없는(멸실된) 경우	등기필정보는 어떠한 경우에도 재발급하지 않는다. 따라서 이를 분실한 경우나 제공할 수 없는 경우는 다음과 같은 방법으로 등기필정보의 제공에 갈음한다. ① 직접출석: 등기의무자 또는 그 법정대리인이 등기소에 출석하여 등기관으로부터 등기의무자 또는 그 법정대리인임을 확인받아야 한다. ② 확인서면: 자격자대리인이 등기의무자 또는 그 법정대리인으로부터 위임받았음을 확인한 경우에는 그 확인한 사실을 증명하는 정보(확인서면)를 첨부정보로서 등기소에 제공하여야 한다. ③ 공증서면

2. 등기필정보를 작성·통지(등기를 마친 후)

① 등기를 마친 후에 등기관이 등기필정보를 작성하여 등기권리자에게 통지한다.
② 등기필정보는 아라비아 숫자와 그 밖의 부호의 조합으로 이루어진 일련번호와 비밀번호로 구성한다.
③ 등기필정보의 작성·통지 요건

요건	내용	
권리자 발생	㉠ 보존등기, 설정등기, 이전등기 ㉡ 설정가등기, 이전가등기 ㉢ 권리자를 추가하는 변경이나 경정등기 암기 보설이가추가	㉠ 소유권말소등기× ㉡ 등기명의인의 표시변경등기×
권리자의 신청	㉠ 승소한 등기의무자의 단독신청으로 마쳐진 소유권이전등기× ㉡ 채권자 대위신청으로 마쳐진 소유권이전등기× ㉢ 등기관의 직권에 의한 소유권보존등기× ㉣ 공유자 중 일부가 공유물의 보존행위로서 공유자 전원을 등기권리자로 하여 권리에 관한 등기를 신청한 경우(등기권리자가 그 나머지 공유자인 경우로 한정한다)×	
기타	㉤ 관공서가 등기를 촉탁한 경우×. 다만, 관공서가 등기권리자를 위해 등기를 촉탁하는 경우에는 그러하지 아니하다. ㉥ 등기권리자가 등기필정보의 통지를 원하지 아니하는 경우×	

	빈출 옳은지문 O	빈출 틀린지문 X
1	승소한 등기의무자가 단독으로 권리에 관한 등기를 신청하는 경우, 그의 등기필정보를 등기소에 제공해야 한다.	등기원인을 증명하는 정보가 등기절차의 인수를 명하는 집행력 있는 판결인 경우, 승소한 등기의무자는 등기신청 시 등기필정보를 제공할 필요가 없다.
2	소유권보존등기 또는 상속으로 인한 소유권이전등기를 신청할 경우, 등기필정보의 제공을 요하지 않는다.	소유권보존등기를 신청하는 경우 신청인은 등기소에 등기필정보를 제공하여야 한다.
3	승소한 등기권리자가 단독으로 판결에 의한 소유권이전등기를 신청하는 경우, 등기의무자의 권리에 관한 등기필정보를 제공할 필요가 없다.	토지에 대한 소유권이전등기를 신청하는 경우, 등기권리자의 등기필정보를 신청정보로 제공하여야 한다.
4	등기의무자인 관공서가 등기권리자의 청구에 의하여 등기를 촉탁하는 경우, 등기의무자의 권리에 관한 등기필정보를 제공할 필요가 없다.	유증을 원인으로 하는 소유권이전등기를 신청할 경우, 등기필정보를 제공할 필요가 없다.
5		등기권리자가 등기필정보를 분실한 경우, 관할 등기소에 재교부를 신청할 수 있다.
6	등기관이 새로운 권리에 관한 등기를 마친 경우, 원칙적으로 등기필정보를 작성하여 등기권리자에게 통지하여야 한다.	법정대리인이 등기를 신청하여 본인이 새로운 권리자가 된 경우, 등기필정보는 특별한 사정이 없는 한 본인에게 통지된다.
7	등기필정보는 아라비아 숫자와 그 밖의 부호의 조합으로 이루어진 일련번호와 비밀번호로 구성한다.	
8	승소한 등기의무자가 단독으로 등기를 신청한 경우, 등기필정보를 등기권리자에게 통지하지 않아도 된다.	
9		채권자대위신청으로 채무자 명의의 소유권이전등기를 마친 경우, 등기권리자인 채무자에게 등기필정보를 통지한다.
10	등기관이 법원의 촉탁에 따라 가압류등기를 하기 위해 직권으로 소유권보존등기를 한 경우, 소유자에게 등기필정보를 통지하지 않는다.	
11	등기관이 새로운 권리의 등기를 마친 경우에 등기필정보의 통지를 원하지 않은 등기권리자에게는 등기필정보를 통지하지 않아도 된다.	
12	지방자치단체가 등기권리자인 경우, 등기관은 등기필정보를 작성·통지하지 않는다.	

공동신청(등기권리자와 등기의무자)

1. 공동신청주의

등기는 법률에 다른 규정이 없는 경우에는 등기권리자와 등기의무자가 공동으로 신청한다.

2. 실체법상의 등기권리자와 등기의무자

① 실체법상의 등기권리자란 실체관계에 기초한 등기청구권을 가지는 자를 말한다.
② 실체법상의 등기의무자란 등기권리자의 등기청구에 협력할 의무가 있는 자를 말한다.

3. 절차법상의 등기권리자와 등기의무자

① 절차법상의 등기권리자란 신청한 등기가 실행됨으로써 등기기록상 권리의 취득 또는 기타의 이익을 받는 자를 말한다.
② 절차법상의 등기의무자란 등기가 실행됨으로써 등기기록상 권리의 상실 또는 기타의 불이익을 받는 자를 말한다.
③ 이익·불이익의 여부는 등기기록에서 형식적으로 판단하는 것이지 실제로 이익이나 손해가 발생할 것을 고려하는 것은 아니다.

4. 실체법상의 등기권리자·등기의무자와 절차법상의 등기권리자·등기의무자의 관계

① 실체법상의 등기권리자·등기의무자와 절차법상의 등기권리자·등기의무자는 대체로 일치하지만 항상 일치하는 것은 아니다.
② 甲소유 토지에 대하여 甲과 乙이 매매계약을 체결하여 소유권이전등기를 신청하는 경우, 乙이 실체법상의 등기권리자인 동시에 절차법상의 등기권리자가 되고, 甲이 실체법상의 등기의무자인 동시에 절차법상의 등기의무자가 된다.
③ 부동산이 甲 ⇨ 乙 ⇨ 丙 순서로 매도되었으나 등기명의가 甲에게 남아 있어 丙이 乙을 대위하여 乙명의의 소유권이전등기를 신청하는 경우, 실체법상의 등기권리자는 丙이 되고 절차법상의 등기권리자는 乙이 된다.

참고 절차법상의 등기권리자와 등기의무자를 판단할 때는 신청인을 보지 말고 등기부를 확인

	빈출 **옳은 지문 O**	빈출 **틀린 지문 X**
1	변제로 인한 피담보채권의 소멸에 의해 근저당권설정등기의 말소등기는 근저당권설정자를 등기권리자로 하고 근저당권자를 등기의무자로 하여 공동으로 신청한다.	수용으로 인한 소유권이전등기는 토지를 수용한 <u>사업시행자와 피수용자가 공동으로 신청한다.</u>
2	실체법상 등기권리자는 실체법상 등기의무자에 대해 등기신청에 협력할 것을 요구할 권리를 가진 자이다.	
3	甲이 자신의 부동산에 설정해준 乙명의의 저당권설정등기를 말소하는 경우 甲이 절차법상 등기권리자에 해당한다.	
4	채무자 甲에서 乙로 소유권이전등기가 이루어졌으나 甲의 채권자 丙이 등기원인이 사해행위임을 이유로 그 소유권이전등기의 말소판결을 받은 경우, 그 판결에 따른 등기에 있어서 절차법상의 등기권리자는 甲이다.	
5	甲소유로 등기된 토지에 설정된 乙명의의 근저당권을 丙에게 이전하는 등기를 신청하는 경우, 절차법상의 등기의무자는 乙이다.	
6	절차법상 등기의무자에 해당하는지 여부는 등기기록상 형식적으로 판단해야 하고, 실체법상 권리의무에 대해서는 고려해서는 안 된다.	
7	실체법상 등기권리자와 절차법상 등기권리자는 일치하지 않는 경우도 있다.	
8		부동산이 甲 ⇨ 乙 ⇨ 丙 순으로 매도되었으나 등기명의가 甲에게 남아 있어 丙이 乙을 대위하여 소유권이전등기를 신청하는 경우, <u>丙은 절차법상 등기권리자에 해당한다.</u>
9		甲에서 乙로 乙에서 丙으로 순차로 소유권이전등기가 이루어졌으나 乙명의의 등기가 원인무효임을 이유로 甲이 丙을 상대로 丙명의의 등기 말소를 명하는 확정판결을 얻은 경우, 그 판결에 따른 등기에 있어서 <u>절차법상의 등기권리자는 甲이다.</u>

단독신청

1. 성질상 단독신청

① 소유권보존등기 및 소유권보존등기의 말소등기

② 상속등기, 법인의 합병으로 인한 소유권이전등기

③ 표제부등기(부동산의 표시변경등기, 멸실등기)

④ 등기명의인의 표시변경(경정)등기

2. 판결에 의한 단독신청

규정	① 등기절차의 이행 또는 인수를 명하는 판결에 의한 등기는 승소한 등기권리자 또는 등기의무자가 단독으로 신청한다. ② 공유물을 분할하는 판결에 의한 등기는 등기권리자 또는 등기의무자가 단독으로 신청한다. ➡ 공유물분할판결에는 '승소한'이 없다
판결	① 단독으로 신청할 수 있는 판결은 원칙적으로 이행판결을 의미한다. ② 다만, 공유물분할판결은 형성판결이지만 예외적으로 단독신청을 할 수 있다. 　참고 판결의 종류: 확인판결, 이행판결, 형성판결 ③ 확정판결임을 요한다. 즉, 판결이 확정되어야 한다. ➡ 확정되지 않은 가집행선고로 등기신청 못한다 ④ 판결이 확정된 지 10년이 경과해도 언제든지 단독으로 등기를 신청할 수 있다.
승소한	① 패소한 자는 단독신청 못한다. ② 다만, 공유물분할판결은 패소한 자라도 등기를 신청할 수 있다.
첨부정보	① 판결정본을 등기원인을 증명하는 정보로 제공하여야 한다. ② 확정증명서를 제공하여야 한다. ➡ 송달증명서의 첨부는 요하지 않는다 ③ 승소한 등기의무자의 등기신청 시 신청정보로 등기필정보를 제공하여야 한다. 암기 필승의공 　➡ 승소한 등기권리자의 등기신청 시는 등기필정보의 제공을 요하지 않는다

3. 기타 법률규정에 의한 단독신청

① 등기권리자가 등기의무자의 소재불명으로 인하여 공동으로 등기의 말소를 신청할 수 없는 때에는 공시최고 후 제권판결을 받아 등기권리자만으로 말소등기를 신청할 수 있다.

② 가등기가처분명령에 의한 가등기는 가등기권리자가 가처분명령정본을 첨부하여 단독으로 신청한다.
　암기 가가단

	빈출 **옳은 지문 O**	빈출 **틀린 지문 X**
1	소유권보존등기의 말소등기는 소유권의 등기명의인이 단독으로 신청한다.	변제로 인하여 피담보채권의 소멸에 의한 근저당권설정등기의 말소등기는 <u>근저당권설정자가</u> 단독으로 신청한다.
2	법인합병을 원인으로 한 소유권이전등기는 합병 후 법인이 단독으로 신청한다.	합병으로 소멸된 甲회사의 부동산을 그 합병으로 설립된 乙회사의 명의로 하기 위해서는 <u>등기명의인표시의 변경등기를</u> 한다.
3	등기명의인 표시변경(경정)등기는 해당 권리의 등기명의인이 단독으로 신청할 수 있다.	
4	공동신청이 요구되는 등기라 하더라도 다른 일방의 의사표시를 명하는 이행판결이 있는 경우에는 단독으로 등기를 신청할 수 있다.	
5	이행판결에 의한 등기는 승소한 등기권리자가 단독으로 신청할 수 있다.	승소한 등기권리자가 판결에 의한 등기신청을 하지 않는 경우에는 <u>패소한 등기의무자도 그 판결에 의한 등기신청을 할 수 있다.</u>
6	공유물분할판결을 첨부하여 등기권리자가 단독으로 공유물분할을 원인으로 한 지분이전등기를 신청할 수 있다.	공유물분할판결에서 패소한 피고는 단독으로 공유물분할을 원인으로 한 지분이전등기를 <u>신청할 수 없다.</u>
7		소유권이전등기의 이행판결에 가집행이 붙은 경우 <u>판결이 확정되지 아니하여도 가집행선고에 의한 소유권이전등기를 신청할 수 있다.</u>
8	등기절차의 이행을 명하는 판결이 확정된 후, 10년이 지난 경우에도 그 판결에 의한 등기신청을 할 수 있다.	
9		판결에 의한 소유권이전등기 신청서에는 판결정본과 판결에 대한 <u>송달증명서를 첨부하여야 한다.</u>
10	등기의 말소를 공동으로 신청해야 하는 경우, 등기의무자의 소재불명으로 제권판결을 받으면 등기권리자는 그 사실을 증명하여 단독으로 등기의 말소를 신청할 수 있다.	
11	가등기가처분명령에 의한 가등기는 가등기권리자가 가처분명령정본을 첨부하여 단독으로 신청한다.	

각하

1. 각하사유(법 제29조)

(1) 사건이 그 등기소의 관할이 아닌 경우(제1호)

(2) 사건이 등기할 것이 아닌 경우(제2호)

① 등기능력 없는 물건 또는 권리에 대한 등기를 신청한 경우

　　예 선박, 유치권, 주위토지통행권 등

② 법령에 근거가 없는 특약사항의 등기를 신청한 경우

　　예 지상권양도금지특약

③ 구분건물의 전유부분과 대지사용권의 분리처분 금지에 위반한 등기를 신청한 경우

　　➡ 대지권이 등기된 구분건물에 대하여 건물에만 효력이 있도록 소유권이전등기를 신청한 경우

④ 농지를 전세권설정의 목적으로 하는 등기를 신청한 경우

⑤ 저당권을 피담보채권과 분리하여 양도하거나, 피담보채권과 분리하여 다른 채권의 담보로 하는 등기를 신청한 경우 ➡ 나대지 말라

⑥ 일부지분에 대한 소유권보존등기를 신청한 경우 암기 전원보존

⑦ 공동상속인 중 일부가 자신의 상속지분만에 대한 상속등기를 신청한 경우 암기 전원보존

⑧ 관공서 또는 법원의 촉탁으로 실행되어야 할 등기를 신청한 경우

　　예 가압류등기, 가처분등기, 경매등기, 공매등기

⑨ 이미 보존등기 된 부동산에 대하여 다시 보존등기를 신청한 경우 ➡ 중복등기

⑩ 그 밖에 신청 취지 자체에 의하여 법률상 허용될 수 없음이 명백한 등기를 신청한 경우

　　㉠ 수인의 가등기권리자 중 1인이 가등기권리자 전원 명의의 본등기를 신청한 경우

　　㉡ 가등기에 기하여 본등기를 금지하는 가처분등기를 촉탁한 경우

　　㉢ 합유지분에 대한 이전등기나 저당권설정등기를 신청하거나, 가압류등기를 촉탁한 경우

　　㉣ 환매특약등기를 소유권이전등기와 동시에 신청하지 아니한 경우

　　㉤ 부동산의 일부와 소유권의 일부

구분	지상권, 지역권, 전세권, 임차권	소유권이전, 저당권, 가압류, 가처분	소유권보존
부동산의 일부	○	×(각하)	×(각하)
소유권의 일부	×(각하)	○	×(각하)

(3) 신청할 권한이 없는 자가 신청한 경우(제3호)

　　예 무권대리인의 등기신청

(4) 등기에 필요한 첨부정보를 제공하지 아니한 경우(제9호) ➡ 위조된 첨부정보

　　예 위조된 인감증명에 의한 신청

	빈출 옳은지문 O		빈출 틀린지문 X
1	리모델링 공사대금 담보 목적의 건물에 대한 유치권설정 등기신청은 '사건이 등기할 것이 아닌 경우'에 해당하여 각하사유가 된다.		
2	법령에 근거가 없는 특약사항의 등기를 신청한 경우는 '사건이 등기할 것이 아닌 경우'에 해당하여 각하사유가 된다.		<u>전세권의 양도금지특약을 등기신청한 경우</u>는 '사건이 등기할 것이 아닌 경우'에 해당하여 각하사유가 된다.
3	구분건물의 전유부분과 대지사용권의 분리처분 금지에 위반한 등기를 신청한 경우는 '사건이 등기할 것이 아닌 경우'에 해당하여 각하사유가 된다.		지상권에 대한 양도금지나 담보제공금지 특약을 등기신청한 경우, 등기관은 이를 <u>수리하여야 한다</u>.
4	농지를 전세권설정의 목적으로 하는 등기를 신청한 경우는 '사건이 등기할 것이 아닌 경우'에 해당하여 각하사유가 된다.		<u>건물 소유 목적의 농지에 대한 지상권설정등기</u>는 '사건이 등기할 것이 아닌 경우'에 해당하여 각하사유가 된다.
5	저당권을 피담보채권과 분리하여 양도하거나, 피담보채권과 분리하여 다른 채권의 담보로 하는 등기를 신청한 경우는 '사건이 등기할 것이 아닌 경우'에 해당하여 각하사유가 된다.		
6	일부지분에 대한 소유권보존등기를 신청한 경우는 '사건이 등기할 것이 아닌 경우'에 해당하여 각하사유가 된다.		
7	공동상속인 중 일부가 자신의 상속지분만에 대한 상속등기를 신청한 경우는 '사건이 등기할 것이 아닌 경우'에 해당하여 각하사유가 된다.		공동가등기권자 중 일부의 <u>가등기권자가 자기의 지분만에 관하여 본등기를 신청한 경우</u>는 '사건이 등기할 것이 아닌 경우'에 해당하여 각하사유가 된다.
8	법원의 촉탁으로 실행되어야 할 등기를 신청한 경우는 '사건이 등기할 것이 아닌 경우'에 해당하여 각하사유가 된다.		가압류결정에 의하여 가압류채권자 甲이 乙소유 토지에 대하여 가압류등기를 신청한 경우, 등기관은 이를 <u>수리하여야 한다</u>.
9	관공서의 공매처분으로 인한 권리이전의 등기를 매수인이 신청한 경우는 '사건이 등기할 것이 아닌 경우'에 해당하여 각하사유가 된다.		가등기가처분명령에 의하여 가등기권리자 甲이 乙소유 건물에 대하여 가등기신청을 한 경우는 <u>'사건이 등기할 것이 아닌 경우'에 해당하여 각하사유가 된다</u>.
10	이미 보존등기된 부동산에 대하여 다시 보존등기를 신청한 경우는 '사건이 등기할 것이 아닌 경우'에 해당하여 각하사유가 된다.		
11			<u>합유지분에 대한 저당권설정등기</u>의 신청은 각하사유에 해당하지 않는다.
12	매매로 인한 소유권이전등기 이후에 환매특약등기를 신청한 경우는 '사건이 등기할 것이 아닌 경우'에 해당하여 각하사유가 된다.		
13			위조한 개명허가서를 첨부한 등기명의인 표시변경등기를 신청한 경우는 '사건이 등기할 것이 아닌 경우'에 해당하여 각하사유가 된다.

2. 각하사유의 예시

구분	각하사유○	각하사유×
1	부동산 일부에 대한 소유권이전, 저당권등기	부동산 일부에 대한 용익권
2	공유자 중의 1인이 신청하는 자기 지분만의 보존등기 [암기] 전원보상	공유자 중의 1인이 신청하는 공유자 전원 명의의 보존등기
3	공동상속인 중의 1인이 신청하는 자기 지분만의 상속등기 [암기] 전원보상	공동상속인 중의 1인이 신청하는 상속인 전원 명의의 상속등기
4	수인의 가등기 권리자 중 1인이 신청하는 가등기권리자 전원 명의의 본등기	수인의 가등기권리자 중 1인이 신청하는 자기 지분만의 본등기 [암기] 지가유
5	가등기에 기한 본등기를 금지하는 가처분등기 ➡ 합격금지 가처분	가등기상 권리의 처분을 금지하는 가처분등기
6	① 합유지분에 대한 이전등기, 저당권설정등기, 가압류등기 ② 공유지분에 대한 용익권	공유지분에 대한 이전등기, 저당권설정등기, 가압류등기
7	「하천법」상의 하천에 대한 용익권(지상권, 지역권, 전세권, 임차권)설정등기	「하천법」상의 하천에 대한 용익권 외의 모든 등기
8	–	처분금지가처분등기 후 그에 반하는 소유권이전등기나 저당권설정등기
9	–	소유권 외의 권리가 등기되어 있는 일반건물에 대한 멸실등기 신청

3. 각하사유를 위반한 등기의 효력·직권말소

구분	제1호·제2호 위반	제3호 이하 위반
등기 효력	절대적 무효	실체관계와 부합하면 유효
직권 말소	○(할 수 있다)	×(할 수 없다)
예	① 관할 위반의 등기(제1호 위반) ② 채권사 乙의 신청에 의해 마쳐진 甲소유 토지에 대한 가압류등기(제2호 위반) ③ 甲소유 건물에 대하여 마쳐진 乙명의의 유치권등기(제2호 위반) ④ 甲소유 농지에 대하여 마쳐진 乙명의의 전세권설정등기(제2호 위반) ⑤ 공동상속인 甲과 乙 중 乙의 상속지분만에 대하여 마쳐진 상속등기(제2호 위반)	① 등기신청 대리권이 없는 자가 신청대리를 하여 이루어진 등기로 그 등기원인사실이 실체관계와 부합되는 경우(제3호 위반) ② 위조된 인감증명에 의한 등기라도 실체관계가 부합한다면 그 등기는 무효가 아니므로 등기관은 이를 직권으로 말소할 수 없다(제9호 위반). ③ 소유자의 대리인으로부터 토지를 적법하게 매수하였지만, 매수인의 소유권이전등기가 위조된 서류에 의해 마쳐진 경우(제9호 위반) ④ 위조한 개명허가서를 첨부하여 마쳐진 등기명의인 표시변경등기(제9호 위반)

	빈출 옳은지문 O	빈출 틀린지문 X
14	부동산의 공유지분에 대한 처분금지 가처분등기의 촉탁이 있는 경우, 등기관은 이를 수리하여야 한다.	
15	등기된 임차권에 대한 가압류등기의 촉탁이 있는 경우, 등기관은 이를 수리하여야 한다.	
16	가등기에 기한 본등기를 금지하는 가처분등기는 '사건이 등기할 것이 아닌 경우'에 해당하여 각하사유가 된다.	가등기상 권리의 처분을 금지하는 가처분등기는 각하사유에 해당한다.
17	「하천법」상 하천에 대한 지상권설정등기를 신청한 경우는 '사건이 등기할 것이 아닌 경우'에 해당하여 각하사유가 된다.	「하천법」상 하천에 대한 소유권이전등기나 저당권설정등기를 신청한 경우는 '사건이 등기할 것이 아닌 경우'에 해당하여 각하사유가 된다.
18		처분금지가처분등기 후 그에 반하는 소유권이전등기의 신청은 각하사유에 해당한다.
19		소유권 외의 권리가 등기되어 있는 일반건물에 대해 멸실등기를 신청한 경우는 '사건이 등기할 것이 아닌 경우'에 해당하여 각하사유가 된다.
20	관할 위반의 등기는 그 등기가 실체관계와 부합하는 경우라도 등기관은 그 등기를 직권으로 말소할 수 있다.	
21	채권자 乙의 신청에 의한 마쳐진 甲소유 토지에 대한 가압류등기는 등기관이 직권으로 말소할 수 있다.	등기신청 대리권이 없는 자가 신청대리를 하여 이루어진 등기로 그 등기원인사실이 실체관계와 부합되는 경우, 등기관은 그 등기를 직권으로 말소할 수 있다.
22	甲소유 건물에 대하여 마쳐진 乙명의의 유치권등기는 등기관이 직권으로 말소할 수 있다.	위조된 甲의 인감증명에 의한 甲으로부터 乙로의 소유권이전등기는 등기관이 직권으로 이를 말소할 수 있다.
23	甲소유 농지에 대하여 마쳐진 乙명의의 전세권설정등기는 등기관이 직권으로 말소할 수 있다.	소유자의 대리인으로부터 토지를 적법하게 매수하였지만, 매수인의 소유권이전등기가 위조된 서류에 의해 마쳐진 경우, 등기관은 그 본등기를 직권으로 말소할 수 있다.
24	공동상속인 甲과 乙 중 乙의 상속지분만에 대하여 마쳐진 상속등기는 등기관이 직권으로 말소할 수 있다.	위조한 개명허가서를 첨부하여 마쳐진 등기명의인 표시변경등기는 등기관이 직권으로 말소할 수 있다.

구분건물에 관한 등기

1. 구분건물 등기기록의 편성

① 1동의 건물을 구분한 건물에 있어서는 1동의 건물에 속하는 전부에 대하여 1개의 등기기록을 사용한다.

② 여기서 1개의 등기기록은 1동의 건물에 대하여는 표제부만 두고 1동의 건물을 구분한 각 건물마다 표제부, 갑구, 을구를 둔다.

2. 구분건물의 성립요건 및 구성부분

① 성립요건: 구분건물로 등기하기 위해서는 객관적 요건(구조상·이용상 독립성)뿐만 아니라 주관적 요건(소유자의 의사)이 필요하다. ➡ 구분건물로서 객관적 요건을 갖췄더라도 반드시 구분건물로 등기하여야 하는 것은 아니다

② 구성부분(규약상 공용부분)

　㉠ 규약상 공용부분의 등기신청이 있는 경우에 등기관이 그 등기를 할 때에는 그 등기기록 중 표제부에 공용부분이라는 뜻을 기록하고 각 구의 소유권과 그 밖의 권리에 관한 등기를 말소하는 표시를 하여야 한다.

　㉡ 공용부분이라는 뜻을 정한 규약을 폐지한 경우 공용부분의 취득자는 지체 없이 소유권보존등기를 신청하여야 한다.

3. 대지권에 관한 등기

대지권의 목적인 토지의 표시 암기 대목토	1동 건물의 등기기록의 표제부	단독신청
대지권의 표시 암기 대표	전유부분 건물의 등기기록의 표제부	
대지권이라는 뜻의 등기 암기 대뜻	토지 등기기록의 해당구 ➡ 표제부✕	직권

4. 대지권의 효력 및 등기의 가능 여부

대지권의 효력	① 대지권을 등기한 후에 한 건물의 권리에 관한 등기는 대지권에 대하여 동일한 등기로서 효력이 있다. ② 다만, 그 등기에 건물만에 관한 것이라는 뜻의 부기가 되어 있을 때에는 그러하지 아니하다.
구분건물의 등기기록	① 대지권이 등기된 구분건물의 등기기록에는 건물만을 목적으로 하는 전세권, 임차권 등의 용익권등기는 가능하다. ② 대지권이 등기된 구분건물의 등기기록에는 건물만에 관한 소유권이전등기 또는 저당권설정등기, 가압류 등의 용익권 외의 등기를 할 수 없다.
토지의 등기기록	① 토지의 소유권이 대지권인 경우에 대지권이라는 뜻의 등기가 되어 있는 토지의 등기기록에는 지상권, 지역권, 전세권, 임차권 등의 용익권등기는 가능하다. ② 토지의 소유권이 대지권인 경우에 대지권이라는 뜻의 등기가 되어 있는 토지의 등기기록에는 소유권이전등기, 저당권설정등기, 가압류 등의 용익권 외의 등기는 할 수 없다.

5. 대지권 변경등기

구분건물로서 그 대지권의 변경이나 소멸이 있는 경우에는 구분건물의 소유권의 등기명의인은 1동의 건물에 속하는 다른 구분건물의 소유권의 등기명의인을 대위하여 그 등기를 신청할 수 있다.

	빈출 **옳은 지문 O**	빈출 **틀린 지문 X**
1	1동 건물을 구분한 건물에 있어서는 1동의 건물에 속하는 전부에 대하여 1등기기록을 사용한다.	구분건물의 등기기록은 1동 전체를 표시하는 표제부와 개개의 구분건물에 대한 갑구 및 을구로 편성되어 있다.
2	구분건물의 요건을 갖춘 1동의 건물 전체를 일반건물로 등기할 수 있다.	구분건물로 될 수 있는 객관적 요건을 갖춘 경우에는 건물소유자는 구분건물로 등기하여야 한다.
3	규약상 공용부분은 등기부에 공용부분이라는 뜻을 기록하여야 한다.	규약에 따라 공용부분으로 등기된 후 그 규약이 폐지된 경우, 그 공용부분 취득자는 소유권이전등기를 신청하여야 한다.
4	대지권이 있는 경우, 1동 건물의 등기기록의 표제부에 대지권의 목적인 토지의 표시에 관한 사항을 기록한다.	
5	대지권이 있는 경우, 전유부분의 등기기록의 표제부에 대지권의 표시에 관한 사항을 기록한다.	
6	집합건물의 등기기록에 대지권의 등기를 한 경우 등기관은 직권으로 대지권의 목적인 토지의 등기기록의 해당구에 어느 권리가 대지권이라는 뜻을 기록하여야 한다.	건물의 등기기록에 대지권의 등기를 한 경우, 그 권리의 목적인 토지의 등기기록 중 표제부에 대지권이라는 뜻을 등기하여야 한다.
7	건물의 등기기록에 대지권의 등기를 한 때에는 대지권의 목적인 토지의 등기기록에 소유권, 지상권, 전세권, 임차권 등이 대지권이라는 뜻을 등기하여야 한다.	등기관이 구분건물의 대지권등기를 하는 경우에는 건축물대장 소관청의 촉탁으로 대지권의 목적인 토지의 등기기록에 소유권, 지상권, 전세권 또는 임차권이 대지권이라는 뜻을 기록하여야 한다.
8	대지권을 등기한 건물의 등기기록에는 그 건물만에 관한 전세권설정등기를 할 수 있다.	대지권을 등기한 건물에 관하여 그 건물만의 소유권이전등기도 가능하다.
9	대지권의 뜻이 등기된 토지에 대해서는 그 토지만의 저당권을 설정할 수 없다.	대지권이 등기된 구분건물의 등기기록에는 건물만을 목적으로 하는 저당권설정등기를 할 수 있다.
10	구분건물의 등기기록에 대지권이 등기된 후 건물만에 관해 저당권설정계약을 체결한 경우, 그 설정계약을 원인으로 구분건물만에 관한 저당권설정등기를 할 수 없다.	토지의 등기기록에 대지권이라는 뜻의 등기가 되어 있더라도, 그 토지에 대한 새로운 저당권설정계약을 원인으로 하여, 그 토지의 등기기록에 저당권설정등기를 할 수 있다.
11		구분건물로서 그 대지권의 변경이 있는 경우에는 구분건물의 소유권의 등기명의인은 1동의 건물에 속하는 다른 구분건물의 소유권의 등기명의인을 대위하여 그 변경등기를 신청할 수 없다.

ENERGY

사람이 먼 곳을 향하는 생각이 없다면
큰 일을 이루기 어렵다.

– 안중근

공간정보의 구축 및 관리 등에 관한 법률

지번

1. 지번부여의 기본원칙

① 지번은 지적소관청이 지번부여지역별로 차례대로 부여한다.

② 지번은 북서에서 남동으로 순차적으로 부여한다.

③ 지번은 아라비아숫자로 표기하되, 임야대장 및 임야도에 등록하는 토지의 지번은 숫자 앞에 '산'자를 붙인다.

④ 지번은 본번과 부번으로 구성하되, 본번과 부번 사이에 '-' 표시로 연결한다. 이 경우 '-' 표시는 '의'라고 읽는다.

2. 토지이동에 따른 지번부여 방법

(1) 신규등록 및 등록전환

원칙	그 지번부여지역 안에서 인접토지의 본번에 부번을 붙여서 지번을 부여한다.
예외	다음에 해당하는 경우에는 그 지번부여지역의 최종 본번의 다음 순번부터 본번으로 하여 순차적으로 지번을 부여할 수 있다. ① 대상토지가 당해 지번부여지역 안의 최종 지번의 토지에 인접되어 있는 경우 ② 대상토지가 이미 등록된 토지와 멀리 떨어져 있어 등록된 토지의 본번에 부번을 부여하는 것이 불합리한 경우 ③ 대상토지가 여러 필지로 되어 있는 경우

(2) 분할

원칙	분할 후의 필지 중 1필지의 지번은 분할 전의 지번으로 하고, 나머지 필지의 지번은 본번의 최종 부번 다음 순번으로 부번을 부여한다.
예외	주거·사무실 등의 건축물이 있는 필지에 대하여는 분할 전의 지번을 우선하여 부여하여야 한다.

(3) 합병

원칙	합병대상 지번 중 선순위의 지번을 그 지번으로 하되, 본번으로 된 지번이 있는 때에는 본번 중 선순위의 지번을 합병 후의 지번으로 한다.
예외	토지소유자가 합병 전의 필지에 주거·사무실 등의 건축물이 있어서 그 건축물이 위치한 지번을 합병 후의 지번으로 신청할 때에는 그 지번을 합병 후의 지번으로 부여하여야 한다.

	빈출 옳은 지문 O	**빈출 틀린 지문 X**
1	지번은 지적소관청이 지번부여지역별로 차례대로 부여한다.	지번은 <u>국토교통부장관</u>이 <u>시·군·구별</u>로 차례대로 부여한다.
2	지번은 북서에서 남동으로 순차적으로 부여한다.	지번은 <u>북동</u>에서 <u>남서</u>로 순차적으로 부여한다.
3	임야대장 및 임야도에 등록하는 토지의 지번은 아라비아 숫자 앞에 '산'자를 붙여 표기한다.	임야대장 및 임야도에 등록하는 토지의 지번은 숫자 앞에 '<u>임</u>'자를 붙인다. 임야대장 및 임야도에 등록하는 토지의 지번은 <u>숫자 뒤</u>에 '산'자를 붙인다.
4	지번은 본번과 부번으로 구성하되, 본번과 부번 사이에 '−' 표시로 연결한다.	
5	신규등록의 경우에는 그 지번부여지역에서 인접 토지의 본번에 부번을 붙여서 지번을 부여하는 것을 원칙으로 한다.	
6	신규등록 대상토지가 그 지번부여지역의 최종 지번의 토지에 인접하여 있는 경우에는 그 지번부여지역의 최종 본번의 다음 순번부터 본번으로 하여 순차적으로 지번을 부여할 수 있다.	
7	등록전환 대상토지가 여러 필지로 되어 있는 경우에는 그 지번부여지역의 최종 본번의 다음 순번부터 본번으로 하여 순차적으로 지번을 부여할 수 있다.	
8	분할의 경우에는 분할 후의 필지 중 1필지의 지번은 분할 전의 지번으로 하고, 나머지 필지의 지번은 본번의 최종 부번 다음 순번으로 부번을 부여한다.	분할의 경우에는 분할 후의 필지 중 1필지의 지번은 분할 전의 지번으로 하고, 나머지 필지의 지번은 최종 <u>본번</u>의 다음 순번의 <u>본번</u>을 순차적으로 부여하여야 한다.
9	합병의 경우로서 토지소유자가 합병 전의 필지에 대하여 주거·사무실 등의 건축물이 있어서 그 건축물이 위치한 지번을 합병 후의 지번으로 신청할 때에는 그 지번을 합병 후의 지번으로 부여하여야 한다.	

(4) 지적확정측량 시행지역(도시개발사업 등 시행지역)

공사준공 전	지적소관청은 도시개발사업 등이 준공되기 전에 사업시행자가 지번부여신청을 하는 때에는 지번을 부여할 수 있다. 지번을 부여하는 때에는 도시개발사업 등 신고에 있어서의 사업계획도에 따른다.
준용하는 경우	① 지번부여지역 안의 지번변경을 하는 때 ② 축척변경 시행지역 안의 필지에 지번을 부여하는 때 　암기 지축행 ③ 행정구역 개편에 따라 새로 지번을 부여하는 때

참고 1. **지번변경**: 지적소관청은 '지적공부에 등록된 지번 배열이 불규칙하여 지번을 변경할 필요'가 있다고 인정하면 시·도지사나 대도시 시장의 승인을 받아 지번부여지역의 전부 또는 일부에 대하여 지번을 새로 부여할 수 있다.

2. **결번**: 지적소관청은 지번에 결번이 생긴 때에는 지체 없이 그 사유를 결번대장에 적어 영구히 보존하여야 한다(규칙 제63조).

	빈출 옳은 지문 O	빈출 틀린 지문 X
10		지적소관청은 도시개발사업 등이 준공되기 전에 사업시행자가 지번부여 신청을 하면 지번을 부여할 수 있으며, 도시개발사업 등이 준공되기 전에 지번을 부여하는 때에는 <u>지번별조서</u>에 따른다.
11	행정구역 개편에 따라 새로 지번을 부여할 때에는 도시개발사업 등이 완료됨에 따라 지적확정측량을 실시한 지역의 지번부여 방법을 준용한다.	<u>축척변경</u> 시행지역의 필지에 지번을 부여할 때에는 그 지번부여지역에서 인접토지의 <u>본번에</u> 부번을 붙여서 지번을 부여하여야 한다.
12	지적소관청은 지번을 변경할 필요가 있다고 인정하면 시·도지사나 대도시 시장의 승인을 받아 지번부여지역의 전부 또는 일부에 대하여 지번을 새로 부여할 수 있다.	지적소관청이 지번을 변경하기 위해서는 <u>국토교통부장관의 승인</u>을 받아야 한다.
13	지적소관청은 축척변경으로 지번에 결번이 생긴 때에는 지체 없이 그 사유를 결번대장에 적어 영구히 보존하여야 한다.	

지목

1. 지목의 설정원칙

1필 1목의 원칙	필지마다 하나의 지목을 설정하여야 한다.
주용도추종의 원칙 (주지목추종의 원칙)	1필지가 둘 이상의 용도로 사용되는 경우, 주된 용도에 따라 지목을 설정하여야 한다.
일시변경불변의 원칙 (영속성의 원칙)	토지가 임시적 또는 일시적인 용도로 사용되는 때에는 지목을 변경하지 않는다.

2. 지목의 구분 및 부호

(1) 토지대장 및 임야대장에 지목을 등록할 때에는 정식명칭을 사용하여 등록한다.

(2) 지적도 및 임야도에 지목을 등록하는 때에는 부호로 표기하여야 한다. 부호는 정식명칭의 첫 글자를 따는 것이 원칙이지만, '주차장, 공장용지, 하천, 유원지'는 두 번째 글자를 사용한다. 암기 차장천원

지목구분	부호	내용
전	전	① 물을 상시적으로 이용하지 않고 곡물·원예작물(과수류는 제외)·약초·뽕나무·닥나무·묘목·관상수 등의 식물을 주로 재배하는 토지 ② 식용으로 죽순을 재배하는 토지
답	답	물을 상시적으로 직접 이용하여 벼·연(蓮)·미나리·왕골 등의 식물을 주로 재배하는 토지
과수원	과	① 사과·배·밤·호두·귤나무 등 과수류를 집단적으로 재배하는 토지와 이에 접속된 저장고 등 부속시설물의 부지 ② 다만, 주거용 건축물의 부지는 '대'로 한다.
목장용지	목	① 축산업 및 낙농업을 하기 위하여 초지를 조성한 토지 ② 「축산법」 제2조 제1호에 따른 가축을 사육하는 축사 등의 부지 ③ 다만, 주거용 건축물의 부지는 '대'로 한다.
임야	임	산림 및 원야(原野)를 이루고 있는 수림지·죽림지·암석지·자갈땅·모래땅·습지·황무지 등의 토지 암기 암자모습황
광천지	광	① 지하에서 온수·약수·석유류 등이 용출되는 용출구와 그 유지에 사용되는 부지 ② 다만, 온수·약수·석유류 등을 일정한 장소로 운송하는 송수관·송유관 및 저장시설의 부지는 제외한다.
염전	염	① 바닷물을 끌어들여 소금을 채취하기 위하여 조성된 토지와 이에 접속된 제염장 등 부속시설물의 부지 ② 다만, 천일제염 방식으로 하지 아니하고 동력으로 바닷물을 끌어들여 소금을 제조하는 공장시설물의 부지는 제외한다.
대	대	① 영구적 건축물 중 주거·사무실·점포와 박물관·극장·미술관 등 문화시설과 이에 접속된 정원 및 부속시설물의 부지 ② 「국토의 계획 및 이용에 관한 법률」 등 관계 법령에 따른 택지조성공사가 준공된 토지
공장용지	장	① 제조업을 하고 있는 공장시설물의 부지 ② 「산업집적활성화 및 공장설립에 관한 법률」 등 관계 법령에 따른 공장부지 조성공사가 준공된 토지 ③ 위 ① 및 ②와 같은 구역에 있는 의료시설 등 부속시설물의 부지

	빈출 **옳은 지문 O**	빈출 **틀린 지문 X**
1	필지마다 하나의 지목을 설정하여야 한다.	
2	1필지가 둘 이상의 용도로 활용되는 경우에는 주된 용도에 따라 지목을 설정하여야 한다.	
3		토지가 일시적 또는 임시적인 용도로 사용될 때에도 용도에 따라 지목을 <u>변경하여야</u> 한다.
4	지목을 지적도 및 임야도에 등록하는 때에는 부호로 표기한다.	
5	물을 상시적으로 이용하지 않고 닥나무·묘목·관상수 등의 식물을 주로 재배하는 토지는 '전'으로 한다.	물을 상시적으로 이용하지 않고 곡물·원예작물(<u>과수류 포함</u>) 등의 식물을 주로 재배하는 토지와 <u>죽림지</u>의 지목은 '<u>전</u>'으로 한다.
6	물을 상시적으로 직접 이용하여 연(蓮)·미나리·왕골 등의 식물을 주로 재배하는 토지는 '답'으로 한다.	물을 상시적으로 직접 이용하여 벼·연(蓮)·미나리·왕골 등의 식물을 주로 재배하는 토지의 지목은 '<u>농지</u>'로 한다.
7	호두나무를 집단적으로 재배하는 토지는 '과수원'으로 한다.	과수류를 집단적으로 재배하는 토지와 이에 접속된 주거용 건축물의 부지는 '<u>과수원</u>'으로 한다.
8		축산업 및 낙농업을 하기 위하여 초지를 조성한 토지와 그 토지에 설치된 주거용 건축물의 부지의 지목은 '<u>목장용지</u>'로 한다.
9		지적도면에 지목을 부호로 표기할 때 목장용지는 '<u>장</u>'으로 표기한다.
10	원야(原野)를 이루고 있는 암석지 및 황무지는 '임야'로 한다.	산림 및 원야를 이루고 있는 자갈땅·모래땅·습지·황무지 등의 토지는 '<u>잡종지</u>'로 한다.
11		온수·약수·석유류 등을 일정한 장소로 운송하는 송수관·송유관 및 저장시설의 부지의 지목은 '<u>광천지</u>'로 한다.
12	제조업을 하고 있는 공장시설물의 부지와 같은 구역에 있는 의료시설 등 부속시설물의 부지의 지목은 '공장용지'로 한다.	「산업집적활성화 및 공장설립에 관한 법률」 등 관계 법령에 따른 공장부지 조성공사가 준공된 토지의 지목은 '<u>산업용지</u>'로 한다.
13		지목이 공장용지인 경우 이를 지적도에 등록하는 때에는 '<u>공</u>'으로 표기하여야 한다.

지목구분	부호	내용
학교용지	학	① 학교의 교사와 이에 접속된 체육장 등 부속시설물의 부지 ② 다만, 학교시설구역으로부터 완전히 분리된 실습지, 기숙사, 사택 등의 부지와 교육용에 직접 이용하지 않는 임야는 학교용지로 보지 않는다.
주차장	차	① 자동차 등의 주차에 필요한 독립적인 시설을 갖춘 부지와 주차전용 건축물 및 이에 접속된 부속시설물의 부지 ② 자동차 등의 판매 목적으로 설치된 물류장 및 야외전시장의 부지는 제외한다. ③「주차장법」제2조 제1호 가목 및 다목에 따른 노상주차장 및 부설주차장의 부지는 제외한다. ④ 다만,「주차장법」제19조 제4항에 따라 시설물의 부지 인근에 설치된 부설주차장의 지목은 '주차장'이다.
주유소용지	주	① 석유·석유제품, 액화석유가스, 전기 또는 수소 등의 판매를 위하여 일정한 설비를 갖춘 시설물의 부지 ② 저유소 및 원유저장소의 부지와 이에 접속된 부속시설물의 부지 ③ 다만, 자동차·선박·기차 등의 제작 또는 정비공장 안에 설치된 급유·송유시설 등의 부지는 제외한다.
창고용지	창	물건 등을 보관하거나 저장하기 위하여 독립적으로 설치된 보관시설물의 부지와 이에 접속된 부속시설물의 부지 참고 실외에 물건을 쌓아두는 곳의 지목은 '잡종지'이다.
도로	도	① 일반 공중의 교통 운수를 위하여 보행이나 차량운행에 필요한 일정한 설비 또는 형태를 갖추어 이용되는 토지 ②「도로법」등 관계 법령에 따라 도로로 개설된 토지 ③ 고속도로의 휴게소 부지 ④ 2필지 이상에 진입하는 통로로 이용되는 토지 ⑤ 다만, 아파트·공장 등 단일 용도의 일정한 단지 안에 설치된 통로 등은 제외한다.
철도용지	철	교통 운수를 위하여 일정한 궤도 등의 설비와 형태를 갖추어 이용되는 토지와 이에 접속된 역사·차고·발전시설 및 공작창 등 부속시설물의 부지
제방	제	조수·자연유수·모래·바람 등을 막기 위하여 설치된 방조제·방수제·방사제·방파제 등의 부지
하천	천	자연의 유수가 있거나 있을 것으로 예상되는 토지
구거	구	① 용수 또는 배수를 위하여 일정한 형태를 갖춘 인공적인 수로·둑 및 그 부속시설물의 부지 ② 자연의 유수가 있거나 있을 것으로 예상되는 소규모 수로부지
유지	유	① 물이 고이거나 상시적으로 물을 저장하고 있는 댐·저수지·소류지·호수·연못 등의 토지 ② 연·왕골 등이 자생하는 배수가 잘 되지 아니하는 토지
양어장	양	육상에 인공으로 조성된 수산생물의 번식 또는 양식을 위한 시설을 갖춘 부지와 이에 접속된 부속시설물의 부지
수도용지	수	물을 정수하여 공급하기 위한 취수·저수·도수·정수·송수 및 배수 시설의 부지 및 이에 접속된 부속시설물의 부지

	빈출 옳은 지문 O	빈출 틀린 지문 X
14	학교의 교사와 이에 접속된 체육장 등 부속시설물의 부지의 지목은 '학교용지'로 한다.	
15	「주차장법」 제19조 제4항의 규정에 의하여 시설물의 부지 인근에 설치된 부설주차장은 '주차장'으로 한다.	
16	지적도면에 지목을 부호로 표기할 때 주차장은 '차'로 표기한다.	
17		지하에서 석유류 등이 용출되는 용출구와 그 유지에 사용되는 부지는 '주유소용지'로 한다.
18	물건 등을 보관하거나 저장하기 위하여 독립적으로 설치된 보관시설물의 부지와 이에 접속된 부속시설물의 부지의 지목은 '창고용지'로 한다.	물건 등을 보관하거나 저장하기 위하여 독립적으로 설치된 보관시설물의 부지와 이에 접속된 부속시설물의 부지의 지목은 '대'로 한다.
19	일반 공중(公衆)의 교통 운수를 위하여 보행이나 차량운행에 필요한 일정한 설비 또는 형태를 갖추어 이용되는 토지의 지목은 '도로'이다.	아파트·공장 등 단일 용도의 일정한 단지 안에 설치된 통로 등은 '도로'로 한다.
20	고속도로의 휴게소 부지의 지목은 '도로'이다.	
21	2필지 이상에 진입하는 통로로 이용되는 토지의 지목은 '도로'이다.	
22	교통 운수를 위하여 일정한 궤도 등의 설비와 형태를 갖추어 이용되는 토지와 이에 접속된 역사·차고·발전시설 등 부속시설물의 부지의 지목은 '철도용지'로 한다.	교통 운수를 위하여 일정한 궤도 등의 설비와 형태를 갖추어 이용되는 토지의 지목은 '도로'이다.
23	조수·자연유수·모래·바람 등을 막기 위하여 설치된 방조제·방수제·방사제·방파제 등의 부지는 '제방'으로 한다.	용수 또는 배수를 위하여 일정한 형태를 갖춘 인공적인 수로·둑 및 그 부속시설물의 부지의 지목은 '제방'으로 한다.
24		지적도면에 지목을 부호로 표기할 때 하천은 '하'로 표기한다.
25		자연의 유수가 있거나 있을 것으로 예상되는 소규모 수로 부지는 '하천'으로 한다.
26		용수 또는 배수를 위하여 일정한 형태를 갖춘 인공적인 수로·둑 및 그 부속시설물의 부지는 '유지'로 한다.
27		물이 고이거나 상시적으로 물을 저장하고 있는 댐·저수지·소류지(沼溜地) 등의 토지와 연·왕골 등을 재배하는 토지의 지목은 '유지'로 한다.
28	육상에 인공으로 조성된 수산생물의 번식 또는 양식을 위한 시설을 갖춘 부지의 지목은 '양어장'으로 한다.	해상에 인공으로 조성된 수산생물의 번식 또는 양식을 위한 시설을 갖춘 부지는 '양어장'으로 한다.
29	물을 정수하여 공급하기 위한 취수·저수·도수(導水)·정수·송수 및 배수 시설의 부지 및 이에 접속된 부속시설물의 부지 지목은 '수도용지'로 한다.	

지목구분	부호	내용
공원	공	일반 공중의 보건·휴양 및 정서생활에 이용하기 위한 시설을 갖춘 토지로서 「국토의 계획 및 이용에 관한 법률」에 따라 공원 또는 녹지로 결정·고시된 토지
체육용지	체	① 국민의 건강증진 등을 위한 체육활동에 적합한 시설과 형태를 갖춘 종합운동장·실내체육관·야구장·골프장·스키장·승마장·경륜장 등 체육시설의 토지와 이에 접속된 부속시설물의 부지 ② 다만, 체육시설로서의 영속성과 독립성이 미흡한 정구장·골프연습장·실내수영장 및 체육도장의 토지와 유수(流水)를 이용한 요트장 및 카누장의 토지는 제외한다.
유원지	원	① 일반 공중의 위락·휴양 등에 적합한 시설물을 종합적으로 갖춘 수영장·유선장·낚시터·어린이놀이터·동물원·식물원·민속촌·경마장·야영장 등의 토지와 이에 접속된 부속시설물의 부지 ② 다만, 이들 시설과의 거리 등으로 보아 독립적인 것으로 인정되는 숙식시설 및 유기장의 부지와 하천·구거 또는 유지(공유인 것으로 한정)로 분류되는 것은 제외한다.
종교용지	종	일반 공중의 종교의식을 위하여 예배·법요·설교·제사 등을 하기 위한 교회·사찰·향교 등 건축물의 부지와 이에 접속된 부속시설물의 부지
사적지	사	① 국가유산으로 지정된 역사적인 유적·고적·기념물 등을 보존하기 위하여 구획된 토지 ② 다만, 학교용지·공원·종교용지 등 다른 지목으로 된 토지에 있는 유적·고적·기념물 등을 보호하기 위하여 구획된 토지는 제외한다.
묘지	묘	① 사람의 시체나 유골이 매장된 토지 ② 「도시공원 및 녹지 등에 관한 법률」에 따른 묘지공원으로 결정·고시된 토지 ③ 「장사 등에 관한 법률」 제2조 제9호에 따른 봉안시설과 이에 접속된 부속시설물의 부지 ④ 다만, 묘지의 관리를 위한 건축물의 부지는 '대'로 한다.
잡종지	잡	① 갈대밭, 실외에 물건을 쌓아두는 곳, 야외시장 및 공동우물 ② 돌을 캐내는 곳, 흙을 파내는 곳. 다만, 원상회복을 조건으로 돌을 캐내는 곳 또는 흙을 파내는 곳으로 허가된 토지는 제외한다. ③ 변전소, 송신소, 수신소 및 송유시설 등의 부지 ④ 여객자동차터미널, 자동차운전학원 및 폐차장 등 자동차와 관련된 독립적인 시설을 갖춘 부지 ⑤ 공항시설 및 항만시설 부지 ⑥ 도축장, 쓰레기처리장 및 오물처리장 등의 부지 ⑦ 그 밖에 다른 지목에 속하지 않는 토지

참고 지목을 '대'로 하는 것

1. 과수원 안의 주거용 건축물의 부지
2. 목장 안의 주거용 건축물의 부지
3. 묘지의 관리를 위한 건축물의 부지
4. 아파트 단지 안에 설치된 통로의 부지

빈출	**옳은 지문 O**	빈출	**틀린 지문 X**

30		일반 공중의 보건·휴양 및 정서생활에 이용하기 위한 시설을 갖춘 토지로서 「국토의 계획 및 이용에 관한 법률」에 따라 공원 또는 녹지로 결정·고시된 토지는 '체육용지'로 한다.
31		유수(流水)를 이용한 요트장 및 카누장은 '체육용지'로 한다.
32		일반 공중의 종교의식을 위하여 예배·법요·설교·제사 등을 하기 위한 교회·사찰·향교 등 건축물의 부지와 이에 접속된 부속시설물의 부지는 '사적지'로 한다.
33		학교용지·공원 등 다른 지목으로 된 토지에 있는 유적·고적·기념물 등을 보호하기 위하여 구획된 토지의 지목은 '사적지'로 한다.
34	「도시공원 및 녹지 등에 관한 법률」에 따른 묘지공원으로 결정·고시된 토지는 '묘지'로 한다.	「장사 등에 관한 법률」에 따른 봉안시설과 이에 접속된 부속시설물의 부지는 '대'로 한다.
35		사람의 시체나 유골이 매장된 토지, 「장사 등에 관한 법률」 제2조 제9호에 따른 봉안시설과 이에 접속된 부속시설물의 부지 및 묘지의 관리를 위한 건축물의 부지의 지목은 '묘지'로 한다.
36	여객자동차터미널, 자동차운전학원 및 폐차장 등 자동차와 관련된 독립적인 시설을 갖춘 부지의 지목은 '잡종지'이다.	변전소·송신소·수신소 및 지하에서 석유류 등이 용출되는 용출구(湧出口)와 그 유지(維持)에 사용되는 부지의 지목은 '잡종지'이다.
37		갈대밭, 실외에 물건을 쌓아두는 부지, 산림 및 원야(原野)를 이루고 있는 암석지·자갈땅·모래땅·황무지 등의 토지의 지목은 '잡종지'이다.
38		공항·항만시설 부지 및 물건 등을 보관하거나 저장하기 위하여 독립적으로 설치된 보관시설물의 부지의 지목은 '잡종지'이다.
39		도축장, 쓰레기처리장, 오물처리장 및 일반 공중의 위락·휴양 등에 적합한 시설물을 종합적으로 갖춘 야영장·식물원 등의 토지의 지목은 '잡종지'이다.

경계

1. 지상경계의 결정기준

① 도로·구거 등의 토지에 절토(땅깎기)된 부분이 있는 경우: 그 경사면의 상단부

② 연접되는 토지 간에 높낮이 차이가 없는 경우: 그 구조물 등의 중앙

③ 연접되는 토지 간에 높낮이 차이가 있는 경우: 그 구조물 등의 하단부

④ 토지가 해면 또는 수면에 접하는 경우: 최대만조위 또는 최대만수위가 되는 선

⑤ 공유수면매립지의 토지 중 제방 등을 토지에 편입하여 등록하는 경우: 바깥쪽 어깨부분

⑥ 지상경계의 구획을 형성하는 구조물 등의 소유자가 다른 경우에는 위 ①②③의 내용에도 불구하고 그 소유권에 따라 지상경계를 결정한다.

2. 분할에 따른 지상경계

① 토지를 분할하려는 경우에는 지상경계점에 경계점표지를 설치하여(설치한 후) 측량할 수 있다.

② 분할에 따른 지상경계는 지상건축물을 걸리게 결정하여서는 아니 된다.

③ 다만, 다음의 어느 하나에 해당하는 경우에는 그렇지 않다. 암기 도도공판

> ㉠ 「국토의 계획 및 이용에 관한 법률」의 규정에 따른 도시·군관리계획 결정고시와 지형도면 고시가 된 도시·군관리계획선에 따라 토지를 분할하는 경우
>
> ㉡ 도시개발사업 등의 사업시행자가 사업지구의 경계를 결정하기 위하여 토지를 분할하고자 하는 경우
>
> ㉢ 공공사업 등으로 인하여 학교용지·도로·철도용지·제방·하천·구거·유지·수도용지 등의 지목으로 되는 토지를 분할하는 경우
>
> ㉣ 법원의 확정판결이 있는 경우

3. 지상경계의 구분

① 토지의 지상경계는 둑·담장이나 그 밖에 구획의 목표가 될 만한 구조물 및 경계점표지 등으로 구분한다.

② 지적소관청은 토지의 이동에 따라 지상경계를 새로 정한 경우에는 지상경계점등록부를 작성·관리하여야 한다.

③ 지상경계점등록부의 등록사항   ➡ 경계점좌표등록부×

　㉠ 경계점 위치 및 경계점표지의 종류

　㉡ 경계점 위치 설명도

　㉢ 경계점좌표(경계점좌표등록부 시행지역에 한정한다)

　㉣ 경계점의 사진 파일

　㉤ 공부상 지목과 실제 토지이용 지목

　㉥ 토지의 소재, 지번

	빈출 **옳은지문 O**		빈출 **틀린지문 X**
1			도로·구거 등의 토지에 절토(땅깎기)된 부분이 있는 경우, 그 경사면의 <u>하단부</u>를 지상경계의 결정기준으로 한다.
2			연접되는 토지 간에 높낮이 차이가 없는 경우, 그 구조물 등의 <u>바깥쪽 면</u>을 지상경계의 결정기준으로 한다.
3			연접되는 토지 간에 높낮이 차이가 있는 경우, 그 구조물 등의 <u>상단부</u>를 지상경계의 결정기준으로 한다.
4	토지가 해면 또는 수면에 접하는 경우, 최대만조위 또는 최대만수위가 되는 선을 지상경계의 결정기준으로 한다.		토지가 해면 또는 수면에 접하는 경우 <u>평균해수면</u>이 되는 선을 지상경계의 결정기준으로 한다.
5	공유수면매립지의 토지 중 제방 등을 토지에 편입하여 등록하는 경우 지상경계의 결정기준은 바깥쪽 어깨부분으로 한다.		
6	도시개발사업 등의 사업시행자가 사업지구의 경계를 결정하기 위하여 토지를 분할하려는 경우에는 지상경계점에 경계점표지를 설치하여 측량할 수 있다.		
7	매매 등을 위하여 토지를 분할하려는 경우 지상경계점에 경계점표지를 설치하여 측량할 수 있다.		
8	분할에 따른 지상경계는 지상건축물을 걸리게 결정하여서는 아니 된다. 다만, 법원의 확정판결이 있는 경우에는 그러하지 아니하다.		소유권 이전 및 매매를 위하여 토지를 분할하는 경우는 지상경계를 지상건축물에 <u>걸리게 결정할 수 있다.</u>
9	공공사업 등에 따라 학교용지·도로·철도용지·제방 등의 지목으로 되는 토지를 분할하는 경우는 지상경계를 지상건축물에 걸리게 결정할 수 있다.		도시개발사업 등의 사업시행자가 사업지구의 경계를 결정하기 위하여 토지를 분할하는 경우, 지상경계는 지상건축물을 <u>걸리게 결정해서는 아니 된다.</u>
10	지적소관청은 토지의 이동에 따라 지상경계를 새로 정한 경우에는 지상경계점등록부를 작성·관리하여야 한다.		지적소관청은 토지의 이동에 따라 지상경계를 새로 정한 경우에는 경계점 위치 설명도 등을 등록한 <u>경계점좌표등록부</u>를 작성·관리하여야 한다.
11			지적공부에 등록된 <u>경계점을 지상에 복원</u>하는 경우에는 지상경계점등록부를 작성·관리하여야 한다.
12			경계점좌표등록부를 갖춰 두는 지역의 필지에 대한 <u>토지 면적</u>은 경계점좌표등록부에 등록한다.
13	공간정보의 구축 및 관리 등에 관한 법령상 경계점표지의 종류 및 경계점 위치는 지상경계점등록부의 등록사항에 해당한다.		
14	공간정보의 구축 및 관리 등에 관한 법령상 경계점 위치 설명도와 경계점의 사진 파일은 지상경계점등록부의 등록사항에 해당한다.		경계점좌표는 지상경계점등록부의 등록사항이지만, 공부상 지목과 실제 토지이용 지목은 지상경계점등록부의 <u>등록사항이 아니다.</u>

면 적

1. 면적측정

(1) 면적측정의 방법

전자면적측정기	필지의 경계를 지적도나 임야도에 등록하는 지역에서 사용한다.
좌표면적계산법	경위의 측량방법으로 세부측량을 실시하여 필지의 경계점을 경계점좌표등록부에 등록하는 지역에서 사용한다.

(2) 면적측정의 대상

면적측정○	면적측정×
① 지적공부의 복구 ② 신규등록 ③ 등록전환 ④ 분할 ⑤ 축척변경 ⑥ 면적 또는 경계를 정정하는 경우 ⑦ 도시개발사업	① 합병 ② 지목변경 ③ 지번변경 ④ 미터법의 시행으로 면적을 환산하는 경우 ⑤ 경계복원측량과 지적현황측량을 하는 경우

참고 면적은 토지대장 및 임야대장에만 등록한다. 암기 면장

2. 끝수처리 연습

축척	일반지역(1/1,000 , 1/1,200, 1/2,400, 1/3,000, 1/6,000), 임야도지역		1/600, 경계점좌표등록부 시행지역	
내용	• 제곱미터 단위까지 등록 • $1m^2$ 미만이면 $1m^2$로 등록		• 제곱미터 이하 한 자리 단위까지 등록 • $0.1m^2$ 미만이면 $0.1m^2$로 등록	
	측정면적	등록면적	측정면적	등록면적
연습	63.6	64	65.78	65.8
	64.4	64	65.83	65.8
	63.5	64	65.75	65.8
	64.5	64	65.85	65.8
	0.3	1	0.03	0.1
	64.8	65	65.68	65.7
	64.86	65	65.662	65.7

	빈출 **옳은지문 ○**	빈출 **틀린지문 ✕**
1	경계점좌표등록부를 갖춰 두는 지역의 면적측정 방법은 좌표면적계산법에 의한다.	경계점좌표등록부를 갖춰 두는 지역에서 면적측정은 <u>전자면적측정기</u>에 의한다.
2	지적공부의 복구를 하는 경우 필지마다 면적을 측정하여야 한다.	
3		합병에 따른 경계·좌표 또는 면적은 <u>지적측량을 하여</u> 결정한다.
4		지목변경을 하는 경우 필지마다 <u>면적을 측정하여야 한다.</u>
5	등록전환을 하는 경우 필지마다 면적을 측정하여야 한다.	
6	축척변경을 하는 경우 필지마다 면적을 측정하여야 한다.	
7	지적공부의 복구, 신규등록, 등록전환 및 축척변경을 하기 위하여 세부측량을 하는 경우에는 필지마다 면적을 측정하여야 한다.	
8	도시개발사업 등으로 인한 토지의 이동에 따라 토지의 표시를 새로 결정하는 경우 필지마다 면적을 측정하여야 한다.	
9	면적은 토지대장 및 임야대장의 등록사항이다.	경계점좌표부등록부를 갖춰 두는 지역의 필지에 대한 토지면적은 <u>경계점좌표등록부에 등록한다.</u>
10	지적도의 축척이 1,200분의 1인 지역의 1필지 면적이 1제곱미터 미만일 때에는 1제곱미터로 한다.	
11	임야도의 축척이 6,000분의 1인 지역의 1필지 면적이 1제곱미터 미만일 때에는 1제곱미터로 한다.	
12	경계점좌표등록부를 갖춰 두는 지역의 토지 면적은 제곱미터 이하 한 자리 단위로 결정하여야 한다.	경계점좌표등록부에 등록하는 지역의 1필지 면적이 <u>1제곱미터</u> 미만일 때에는 <u>1제곱미터</u>로 한다.
13	지적도의 축척이 600분의 1인 지역의 토지 면적은 제곱미터 이하 한 자리 단위로 한다.	
14	지적도의 축척이 600분의 1인 지역에서 신규등록할 1필지의 면적을 계산한 값이 $0.050m^2$이었다. 이 경우 토지대장에는 $0.1m^2$로 등록한다.	
15	경계점좌표등록부에 등록하는 지역에서 1필지의 면적측정을 위해 계산한 값이 $1,029.551m^2$인 경우, 토지대장에는 $1,029.6m^2$로 등록한다.	

지적공부의 등록사항

1. 지적공부의 등록사항 정리

구분	토지대장, 임야대장	공유지 연명부	대지권 등록부	지적도, 임야도	경계점 좌표등록부	
소재, 지번	○	○	○	○	○	암기 다 된다
지목	○	×	×	○	×	암기 목도장
면적	○	×	×	×	×	암기 면장
경계	×	×	×	○	×	암기 경도
좌표	×	×	×	×	○	
소유자	○	○	○	×	×	암기 소대장
소유권 지분	×	○	○	×	×	암기 지대공
고유번호, 장번호	○	○	○	×	○	암기 고장도 없다
도면번호	○	×	×	×	○	암기 도장경
개별공시지가, 토지이동사유	○	×	×	×	×	암기 개사장
특징	면적, 개별공시지가, 토지이동사유	-	건물명칭, 전유부분의 건물표시, 대지권비율	경계, 건축물 및 구조물의 위치	좌표, 부호 및 부호도	

참고 장: 토지대장, 임야대장 / 도: 지적도, 임야도 / 경: 경계점좌표등록부 / 대장: 토지대장, 임야대장, 공유지연명부, 대지권등록부

2. 지적도면(지적도 및 임야도)

(1) 지적소관청은 지적도면의 관리에 필요한 경우에는 지번부여지역마다 일람도와 지번색인표를 작성하여 갖춰 둘 수 있다.

(2) 지적도면의 법정축척 및 등록사항

	법정축척	지적도면의 등록사항
지적도	1/500, 1/600, 1/1,000, 1/1,200, 1/2,400, 1/3,000, 1/6,000	① 건축물 및 구조물 등의 위치 ② 삼각점 및 지적기준점의 위치 ③ 색인도 ➡ 일람도x ④ 도곽선과 그 수치 ⑤ 제명 및 축척 ⑥ 토지의 소재, 지번, 지목, 경계 ⑦ 좌표에 의하여 계산된 경계점 간의 거리(경계점좌표등록 부를 갖춰 두는 지역으로 한정)
임야도	1/3,000, 1/6,000	

	빈출 **옳은지문 O**	빈출 **틀린지문 X**
1	지적공부 중 토지의 이동사유는 토지대장에 등록한다.	토지대장에는 <u>경계</u>와 면적을 <u>등록한다</u>.
2	임야대장에는 지번, 개별공시지가와 그 기준일을 등록한다.	임야대장에는 건축물 및 구조물 등의 위치를 <u>등록한다</u>.
3	부동산 중개업자 甲이 매도의뢰 대상토지에 대한 소재, 지번, 지목과 면적을 모두 매수의뢰인 乙에게 설명하고자 하는 경우 적합한 지적공부는 토지대장이다.	
4	공유지연명부에는 소유권 지분 및 토지소유자가 변경된 날과 그 원인을 등록한다.	공유지연명부에는 소유권 지분, <u>전유부분의 건물표시</u>를 <u>등록한다</u>.
5	대지권등록부에는 대지권 비율과 전유부분의 건물표시를 등록한다.	
6	토지의 소재, 토지의 고유번호, 소유권 지분 및 토지소유자가 변경된 날과 그 원인은 공유지연명부와 대지권등록부의 공통된 등록사항이다.	
7	경계점좌표등록부를 갖춰 두는 토지는 지적확정측량 또는 축척변경을 위한 측량을 실시하여 경계점을 좌표로 등록한 지역의 토지로 한다.	좌표, <u>건축물 및 구조물 등의 위치</u>는 경계점좌표등록부의 등록사항에 <u>해당한다</u>.
8	토지의 고유번호, 부호 및 부호도는 경계점좌표등록부의 등록사항에 해당한다.	<u>면적</u>, 필지별 경계점좌표등록부의 장번호는 경계점좌표등록부의 등록사항에 <u>해당한다</u>.
9	지적소관청은 지적도면의 관리에 필요한 경우에는 지번부여지역마다 일람도와 지번색인표를 작성하여 갖춰 둘 수 있다.	
10	지적도면의 축척은 지적도 7종, 임야도 2종으로 구분한다.	지적도에는 1/1,000, 1/1,200, <u>1/2,000</u>, 1/2,400, 1/3,000, 1/6,000의 축척을 사용한다.
11	지적도에는 경계, 건축물 및 구조물 등의 위치를 등록한다.	
12		토지의 소재, 지번, <u>토지의 고유번호</u>, 삼각점 및 지적기준점의 위치는 지적도 및 임야도의 등록사항이다.
13	임야도에는 경계와 삼각점 및 지적기준점의 위치를 등록한다.	
14	색인도, 건축물 및 구조물 등의 위치는 지적도면의 등록사항에 해당한다.	지적도면의 제명 및 축척, 도곽선과 그 수치, <u>일람도</u>, 삼각점 및 지적기준점의 위치 및 건축물 및 구조물의 위치는 지적도 및 임야도의 등록사항이다.

(3) 경계점좌표등록부를 갖춰 두는 지역의 지적도 특징

① 지적도의 제명 끝에 '(좌표)'라고 표시한다.

② 좌표에 의하여 계산된 경계점 간 거리를 등록한다.

③ 도곽선의 오른쪽 아래 끝에 '이 도면에 의하여 측량을 할 수 없음'이라고 적는다.

3. 경계점좌표등록부

① 지적확정측량 또는 축척변경을 위한 측량을 실시하여 경계점을 좌표로 등록한 지역의 토지에 작성한다.

② 경계점좌표등록부를 작성하는 토지는 반드시 '토지대장'과 '지적도'를 함께 작성하고 갖춰 두어야 한다.

③ 경계점좌표등록부를 작성한 지역에 있어서의 지적측량과 면적측정은 '좌표'에 의하고, '지적도의 경계'에 의할 수 없다.

빈출 옳은 지문 O	빈출 틀린 지문 X
15	경계점좌표등록부를 갖춰 두는 지역의 <u>임야도</u>에는 해당 도면의 제명 끝에 '(좌표)'라고 표시한다.
16	공간정보의 구축 및 관리 등에 관한 법령상 경계점좌표등록부를 갖춰 두는 지역의 지적도에는 해당 도면의 <u>제명 앞</u>에 '(수치)'라고 표시하여야 한다.
17 경계점좌표등록부를 갖춰 두는 지역의 지적도에 등록된 필지의 경계선상에 등록된 '22.41'은 좌표에 의하여 계산된 경계점 간의 거리를 나타낸다.	경계점좌표등록부를 갖춰 두는 지역의 지적도에는 좌표에 의하여 계산된 경계점 간의 거리 및 좌표에 의하여 계산된 <u>경계점 간의 높이</u>를 등록한다.
18 경계점좌표등록부를 갖춰 두는 지역의 지적도에는 도곽선의 오른쪽 아래 끝에 '이 도면에 의하여 측량을 할 수 없음'이라고 적어야 한다.	

지적공부의 보존·이용·복구 등

1. 지적공부의 보존

① 지적소관청은 해당 청사에 지적서고를 설치하고 그 곳에 지적공부(정보처리시스템을 통하여 기록·저장한 경우는 제외한다)를 영구히 보존하여야 한다. 지적서고는 지적사무를 처리하는 사무실과 연접(連接)하여 설치하여야 한다.

② 지적공부를 정보처리시스템을 통하여 기록·저장한 경우 관할 시·도지사, 시장·군수 또는 구청장은 그 지적공부를 지적정보관리체계에 영구히 보존하여야 한다.

③ 국토교통부장관은 정보처리시스템을 통하여 기록·저장한 지적공부가 멸실되거나 훼손될 경우를 대비하여 지적공부를 복제하여 관리하는 정보관리체계를 구축하여야 한다.

2. 지적공부의 열람 및 등본발급

① 지적공부를 열람하거나 그 등본을 발급받으려는 자는 해당 지적소관청에 이를 신청하여야 한다.

② 정보처리시스템을 통하여 기록·저장된 지적공부(지적도 및 임야도는 제외)를 열람하거나 그 등본을 발급받으려는 경우에는 특별자치시장, 시장·군수 또는 구청장이나 읍·면·동의 장에게 신청할 수 있다.

③ 지적공부를 열람하거나 그 등본을 발급받으려는 자는 지적공부·부동산종합공부 열람·발급 신청서(전자문서로 된 신청서를 포함)를 지적소관청 또는 읍·면·동장에게 제출하여야 한다.

참고 지적공부를 반출할 수 있는 경우
1. 천재지변이나 그 밖에 이에 준하는 재난을 피하기 위하여 필요한 경우
2. 관할 시·도지사 또는 대도시 시장의 승인을 받은 경우 암기 반지축

3. 지적공부의 복구

(1) 지적공부의 복구는 소유자의 신청에 의하지 않고 지적소관청이 직권으로 하며, 지적소관청(정보처리시스템에 의하여 기록·저장된 지적공부의 경우에는 시·도지사, 시장·군수 또는 구청장)은 지적공부의 전부 또는 일부가 멸실되거나 훼손된 경우에는 지체 없이 이를 복구하여야 한다.

(2) 복구자료

토지의 표시에 관한 사항	소유자에 관한 사항
① 지적공부의 등본 ② 측량결과도 ➡ 측량준비도x, 측량준비파일x, 연속지적도x ③ 토지이동정리 결의서 ④ 지적소관청이 작성하거나 발행한 지적공부의 등록내용을 증명하는 서류 　　예 부동산종합공부 ➡ 지적측량 수행계획서x, 지적측량 의뢰서x ⑤ 정보관리체계에 따라 복제된 지적공부 ⑥ 토지(건물)등기사항증명서 등 등기사실을 증명하는 서류 ⑦ 법원의 확정판결서 정본 또는 사본	① 부동산등기부 ② 법원의 확정판결

68 PART 2 공간정보의 구축 및 관리 등에 관한 법률

	빈출 옳은 지문 O	빈출 틀린 지문 X
1	지적소관청은 해당 청사에 지적서고를 설치하고 그 곳에 지적공부(정보처리시스템을 통하여 기록·저장한 경우는 제외한다)를 영구히 보존하여야 한다.	
2	지적서고는 지적사무를 처리하는 사무실과 연접(連接)하여 설치하여야 한다.	
3	지적공부를 정보처리시스템을 통하여 기록·저장한 경우 관할 시·도지사, 시장·군수·구청장은 그 지적공부를 지적정보관리체계에 영구히 보존하여야 한다.	
4		정보처리시스템을 통하여 기록·저장된 지적공부(지적도 및 임야도는 제외한다)를 열람하거나 그 등본을 발급하려는 경우에는 <u>시·도지사, 시장·군수 또는 구청장이나 읍·면·동의 장</u>에게 신청할 수 있다.
5		<u>국토교통부장관의 승인</u>을 받은 경우 지적공부를 해당 청사 밖으로 반출할 수 있다.
6	지적소관청(정보처리시스템에 의하여 기록·저장된 지적공부의 경우에는 시·도지사, 시장·군수 또는 구청장)은 지적공부의 전부 또는 일부가 멸실되거나 훼손된 경우에는 지체 없이 이를 복구하여야 한다.	지적소관청은 지적공부의 전부 또는 일부가 멸실되거나 훼손되어 이를 복구하고자 하는 경우에는 <u>국토교통부장관의 승인</u>을 받아야 한다.
7		지적소관청이 지적공부를 복구하려는 경우에는 해당 토지의 <u>소유자에게 지적공부의 복구신청을 하도록 통지</u>하여야 한다.
8	지적공부의 등본, 부동산종합증명서, 토지이동정리 결의서, 법원의 확정판결서 정본 또는 사본은 지적공부의 복구자료에 해당하지만, 지적측량 수행계획서는 지적공부의 복구자료에 해당하지 않는다.	지적공부의 등본, <u>측량신청서 및 측량준비도</u>, 법원의 확정판결서 정본 또는 사본은 지적공부의 복구자료에 해당한다.

(3) 복구절차

1	복구자료 조사	지적소관청은 지적공부를 복구하려는 경우에는 위 **(2)**의 복구자료를 조사하여야 한다.
2	지적복구자료조사서 및 복구자료도 작성	① 지적소관청은 조사된 복구자료 중 토지대장·임야대장 및 공유지연명부의 등록 내용을 증명하는 서류 등에 따라 지적복구자료조사서를 작성한다. ② 지적소관청은 조사된 복구자료 중 지적도면의 등록 내용을 증명하는 서류 등에 따라 복구자료도를 작성하여야 한다.
3	복구측량	다음의 경우 복구측량을 하여야 한다. ① 복구자료도에 따라 측정한 면적과 지적복구자료조사서의 조사된 면적의 증감이 허용범위를 초과한 경우 ② 복구자료도를 작성할 복구자료가 없는 경우
4	토지의 표시 등의 게시	지적소관청은 복구자료의 조사 또는 복구측량 등이 완료되어 지적공부를 복구하려는 경우에는 복구하려는 토지의 표시 등을 시·군·구 게시판 및 인터넷 홈페이지에 15일 이상 게시하여야 한다.
5	이의신청	복구하려는 토지의 표시 등에 이의가 있는 자는 위의 게시기간 내에 지적소관청에 이의신청을 할 수 있다.
6	지적공부의 복구	지적소관청은 위의 게시와 이의신청 절차를 이행한 때에는 지적복구자료조사서, 복구자료도 또는 복구측량 결과도 등에 따라 지적공부를 복구하여야 한다.

	빈출 옳은 지문 O	빈출 틀린 지문 X
9	지적소관청은 조사된 복구자료 중 토지대장·임야대장 및 공유지연명부의 등록 내용을 증명하는 서류 등에 따라 지적복구자료 조사서를 작성하고, 지적도면의 등록 내용을 증명하는 서류 등에 따라 복구자료도를 작성하여야 한다.	
10	복구자료도에 따라 측정한 면적과 지적복구자료 조사서의 조사된 면적의 증감이 허용범위를 초과하거나 복구자료도를 작성할 복구자료가 없는 경우에는 복구측량을 하여야 한다.	

부동산종합공부

1. 부동산종합공부의 관리 및 운영

① 지적소관청은 부동산의 효율적 이용과 부동산과 관련된 정보의 종합적 관리·운영을 위하여 부동산종합공부를 관리·운영한다.

② 지적소관청은 부동산종합공부를 영구히 보존하여야 하며, 부동산종합공부의 멸실 또는 훼손에 대비하여 이를 별도로 복제하여 관리하는 정보관리체계를 구축하여야 한다.

③ 부동산종합공부의 등록사항을 관리하는 기관의 장은 지적소관청에 상시적으로 관련 정보를 제공하여야 한다.

④ 지적소관청은 부동산종합공부의 정확한 등록 및 관리를 위하여 필요한 경우에는 등록사항을 관리하는 기관의 장에게 관련 자료의 제출을 요구할 수 있다.

2. 부동산종합공부의 등록사항

토지의 표시와 소유자에 관한 사항	이 법에 따른 지적공부의 내용
건축물의 표시와 소유자에 관한 사항 (토지에 건축물이 있는 경우만 해당한다)	「건축법」 제38조에 따른 건축물대장의 내용
토지의 이용 및 규제에 관한 사항	토지이용계획확인서의 내용
부동산의 가격에 관한 사항	개별공시지가, 개별주택가격 및 공동주택가격 공시내용 ➡ 실거래가격은 기록하지 않는다
부동산의 권리에 관한 사항	「부동산등기법」 제48조에 따른 부동산의 권리에 관한 사항

3. 부동산종합공부의 등록사항 정정

① 지적소관청은 부동산종합공부의 등록사항 정정을 위하여 등록사항 상호 간에 일치하지 아니하는 사항(불일치 등록사항)을 확인 및 관리하여야 한다.

② 지적소관청은 불일치 등록사항에 대해서는 법 제76조의3 각 호의 등록사항을 관리하는 기관의 장에게 그 내용을 통지하여 등록사항 정정을 요청할 수 있다.

③ 토지소유자는 부동산종합공부의 등록사항에 잘못이 있음을 발견하면 지적소관청에 그 정정을 신청할 수 있다.

4. 부동산종합공부의 열람 및 증명서 발급

① 부동산종합공부를 열람하거나 부동산종합공부 기록사항의 전부 또는 일부에 관한 증명서(부동산종합증명서)를 발급받으려는 자는 지적소관청이나 읍·면·동의 장에게 신청할 수 있다.

② 부동산종합공부를 열람하거나 부동산종합공부 기록사항의 전부 또는 일부에 관한 증명서(부동산종합증명서)를 발급받으려는 자는 지적공부·부동산종합공부 열람·발급 신청서(전자문서로 된 신청서를 포함)를 지적소관청 또는 읍·면·동장에게 제출하여야 한다.

	빈출 **옳은 지문 O**		빈출 **틀린 지문 X**
1	지적소관청은 부동산종합공부를 영구히 보존하여야 하며, 멸실 또는 훼손에 대비하여 이를 별도로 복제하여 관리하는 정보관리체계를 구축하여야 한다.		
2	부동산종합공부의 등록사항을 관리하는 기관의 장은 지적소관청에 상시적으로 관련 정보를 제공하여야 한다.		
3	부동산종합공부에는 「공간정보의 구축 및 관리 등에 관한 법률」에 따른 지적공부의 내용에서 토지의 표시와 소유자에 관한 사항을 등록한다.		
4	부동산종합공부에는 「건축법」 제38조에 따른 건축물대장의 내용에서 건축물의 표시와 소유자에 관한 사항(토지에 건축물이 있는 경우만 해당)을 등록한다.		
5	토지의 이용 및 규제에 관한 사항(토지이용규제 기본법 제10조에 따른 토지이용계획확인서의 내용)은 부동산종합공부의 등록사항이다.		부동산종합공부에는 「공익사업을 위한 토지 등의 취득 및 보상에 관한 법률」 제68조에 따른 부동산의 보상 가격 내용에서 부동산의 보상에 관한 사항을 등록한다.
6	지적소관청은 부동산종합공부의 등록사항 정정을 위하여 등록사항 상호 간에 일치하지 아니하는 사항을 확인 및 관리하여야 한다.		
7	지적소관청은 부동산종합공부의 등록사항 중 등록사항 상호 간에 일치하지 아니하는 사항에 대해서는 등록사항을 관리하는 기관의 장에게 그 내용을 통지하여 등록사항 정정을 요청할 수 있다.		지적소관청은 부동산종합공부의 불일치 등록사항에 대하여는 등록사항을 정정하고, 등록사항을 관리하는 기관의 장에게 그 내용을 통지하여야 한다.
8			토지소유자는 부동산종합공부의 토지의 표시에 관한 사항(공간정보의 구축 및 관리 등에 관한 법률에 따른 지적공부의 내용)의 등록사항에 잘못이 있음을 발견하면 지적소관청이나 읍·면·동의 장에게 그 정정을 신청할 수 있다.
9	부동산종합공부를 열람하거나 부동산종합공부 기록사항의 전부 또는 일부에 관한 증명서를 발급받으려는 자는 지적소관청이나 읍·면·동의 장에게 신청할 수 있다.		
10	부동산종합공부를 열람하거나 부동산종합공부의 기록사항에 관한 증명서를 발급하려는 자는 지적공부·부동산종합공부 열람·발급 신청서(전자문서로 된 신청서를 포함한다)를 지적소관청 또는 읍·면·동장에게 제출하여야 한다.		

토지의 이동(등록전환·분할·합병·지목변경·바다로 된 토지의 등록말소)

1. 등록전환

① 대상토지

  ⊙ 「산지관리법」에 따른 산지전용허가·신고, 산지일시사용허가·신고, 「건축법」에 따른 건축허가·신고 또는 그 밖의 관계 법령에 따른 개발행위 허가 등을 받은 경우

  ⓒ 대부분의 토지가 등록전환되어 나머지 토지를 임야도에 계속 존치하는 것이 불합리한 경우

  ⓒ 임야도에 등록된 토지가 사실상 형질변경되었으나 지목변경을 할 수 없는 경우

  ⓔ 도시·군관리계획선에 따라 토지를 분할하는 경우

② 신청의무: 토지소유자는 등록전환할 토지가 있으면 그 사유가 발생한 날부터 60일 이내에 지적소관청에 등록전환을 신청하여야 한다.

③ 등록전환 전과 후의 면적 차이가 오차허용범위 이내인 경우에는 등록전환될 면적으로 결정하고, 허용범위를 초과하는 경우에는 임야대장의 면적 또는 임야도의 경계를 지적소관청이 직권으로 정정한다.

④ 지적소관청은 등록전환에 따라 지적공부를 정리한 경우, 지체 없이 관할 등기관서에 토지의 표시 변경에 관한 등기를 촉탁하여야 한다.

2. 분할

① 대상토지 및 신청의무: 분할이 개발행위 허가 등의 대상인 경우에는 개발행위 허가 등을 받은 이후에 분할을 신청할 수 있다.

의무 있는 경우(60일 이내)	1필지의 일부가 형질변경 등으로 용도가 변경된 경우
의무 없는 경우	⊙ 소유권이전, 매매 등을 위하여 필요한 경우 ⓒ 토지이용상 불합리한 지상경계를 시정하기 위한 경우

② 분할 전의 면적과 분할 후의 면적의 합은 같아야 한다.

③ 분할 전후 면적의 차이가 허용범위 이내인 경우에는 그 오차를 분할 후의 각 필지의 면적에 따라 나누고, 허용범위를 초과하는 경우에는 지적공부상의 면적 또는 경계를 정정하여야 한다.

3. 합병

① 합병요건

합병○	⊙ 합병하려는 토지에 용익권(지상권, 전세권, 승역지지역권, 임차권)만 있는 경우 ⓒ 합병하려는 토지 전부에 같은 저당권등기가 있는 경우 ⓒ 합병하려는 토지 전부에 대한 등기사항이 동일한 신탁등기가 있는 경우
합병×	⊙ 합병하려는 토지의 지번부여지역, 지목 또는 소유자가 서로 다른 경우 ⓒ 합병하려는 각 필지가 서로 연접하지 않은 경우 ⓒ 합병하려는 토지의 지적도 및 임야도의 축척이 서로 다른 경우 ⓔ 합병하려는 토지가 등기된 토지와 등기되지 아니한 토지인 경우 ⓜ 합병하려는 토지의 소유자별 공유지분이 다르거나 소유자의 주소가 서로 다른 경우 ⓗ 합병하려는 토지에 용익권 외의 등기(저당권, 가압류, 가처분, 담보가등기 등)가 있는 경우

	빈출 **옳은지문 O**	빈출 **틀린지문 X**
1	「산지관리법」에 따른 산지전용허가·신고, 산지일시사용 허가·신고, 「건축법」에 따른 건축허가·신고 또는 그 밖 의 관계 법령에 따른 개발행위 허가 등을 받은 경우에 등 록전환을 신청할 수 있다.	
2	임야도에 등록된 토지가 사실상 형질변경되었으나 지목 변경을 할 수 없는 경우에는 지목변경 없이 등록전환을 신청할 수 있다.	
3		토지소유자는 등록전환할 토지가 있으면 그 사유가 발생 한 날부터 90일 이내에 지적소관청에 등록전환을 신청하 여야 한다.
4	등록전환할 때 임야대장의 면적과 등록전환될 면적의 차 이가 오차의 허용범위를 초과하는 경우 지적소관청은 임 야대장의 면적 또는 임야도의 경계를 직권으로 정정하여 야 한다.	등록전환에 따른 면적을 정할 때 임야대장의 면적과 등록 전환될 면적의 차이가 오차의 허용범위 이내인 경우, 임 야대장의 면적을 등록전환 면적으로 결정한다.
5	지적소관청은 등록전환에 따라 지적공부를 정리한 경우, 지체 없이 관할 등기관서에 토지의 표시 변경에 관한 등 기를 촉탁하여야 한다.	
6	토지소유자는 지적공부에 등록된 1필지의 일부가 형질변경 등으로 용도가 변경된 경우에는 용도가 변경된 날부터 60 일 이내에 지적소관청에 토지의 분할을 신청하여야 한다.	
7		토지이용상 불합리한 지상경계를 시정하기 위한 경우에 는 분할을 신청할 수 없다.
8	합병하려는 토지의 지번부여지역, 지목 또는 소유자가 서로 다른 경우는 합병신청을 할 수 없다.	합병하려는 토지의 소유자에 대한 소유권이전등기 연월 일이 서로 다른 경우는 합병대상이 될 수 없다.
9		합병하려는 토지의 소유자별 공유지분이 같은 경우는 합 병신청을 할 수 없다.

② 신청의무: 합병요건을 갖췄더라도 신청의무가 없는 것이 원칙이지만, 「주택법」에 따른 공동주택의 부지와 공공사업(제방, 수도용지, 하천, 구거, 철도용지, 도로, 유지, 학교용지 등) 대상 토지는 60일 이내로 신청하여야 한다.

> 참고 지적소관청은 토지의 이동에 따라 지적정리를 하는 경우 미리 토지이동정리 결의서를 작성하여야 한다.

③ 합병의 경우 지적측량 및 면적측정을 하지 않는다.
　㉠ 합병 전 각 필지의 경계 또는 좌표 중 합병으로 필요 없게 된 부분을 말소하여 결정하므로 지적측량을 실시하지 않는다.
　㉡ 합병 전의 각 필지의 면적을 합산하여 그 필지의 면적으로 결정하므로 면적측정을 실시하지 않는다.

4. 지목변경

① 대상토지
　㉠ 「국토의 계획 및 이용에 관한 법률」 등 관계 법령에 따른 토지의 형질변경 등의 공사가 준공된 경우
　㉡ 도시개발사업 등의 원활한 추진을 위하여 사업시행자가 공사 준공 전에 토지의 합병을 신청하는 경우
　㉢ 토지 또는 건축물의 용도가 변경된 경우
② 신청의무: 지목변경할 토지가 있으면 그 사유가 발생한 날부터 60일 이내에 지적소관청에 신청하여야 한다.
③ 지목변경 신청 시 첨부할 서류를 지적소관청이 관리하는 경우에는 지적소관청의 확인으로써 그 서류의 제출을 갈음할 수 있다. 이 내용은 신규등록, 등록전환, 분할 등 토지의 이동신청에 공통으로 적용된다.

5. 바다로 된 토지의 등록말소 및 회복등록 절차

① 등록말소 절차

1	말소통지	지적소관청은 바다로 된 토지로서 말소의 대상이 되는 토지가 있는 경우 지적공부에 등록된 토지소유자에게 지적공부의 등록말소 신청을 하도록 통지하여야 한다.
2	말소신청	토지소유자는 통지받은 날로부터 90일 이내에 등록말소 신청을 하여야 한다.
3	직권말소	지적소관청은 토지소유자가 통지받은 날부터 90일 이내에 등록말소 신청을 하지 아니하면 직권으로 등록을 말소하여야 한다.
4	통지	지적소관청이 직권으로 지적공부의 등록사항을 말소한 때에는 그 정리결과를 토지소유자 및 해당 공유수면의 관리청에 통지하여야 한다.
5	등기촉탁	지적소관청은 바다로 된 토지의 등록을 말소한 경우 지체 없이 관할 등기관서에 그 등기를 촉탁하여야 한다.

② 회복등록 절차

1	회복등록	지적소관청은 말소된 토지가 지형의 변화 등으로 다시 토지로 된 경우에는 이를 회복등록할 수 있다. 이 경우 회복등록의 신청의무는 없다. ➡ 90일 이내x
2	회복등록자료	지적소관청이 회복등록을 하려는 때에는 그 지적측량성과 및 등록말소 당시의 지적공부 등 관계 자료에 따라야 한다.
3	통지	지적소관청이 직권으로 지적공부의 등록사항을 회복등록한 때에는 그 정리결과를 토지소유자 및 해당 공유수면의 관리청에 통지하여야 한다.

	빈출 옳은 지문 O	빈출 틀린 지문 X
10	토지소유자는 「주택법」에 따른 공동주택의 부지로서 합병할 토지가 있으면 그 사유가 발생한 날부터 60일 이내로 지적소관청에 합병을 신청하여야 한다.	토지소유자는 도로, 제방, 하천, 구거, 유지의 토지로서 합병하여야 할 토지가 있으면 그 사유가 발생한 날부터 90일 이내에 지적소관청에 합병을 신청하여야 한다.
11		지적소관청은 토지소유자의 합병신청에 의하여 토지의 이동이 있는 경우에는 지적공부를 정리하여야 하며, 이 경우에는 소유자정리 결의서를 작성하여야 한다.
12	합병에 따른 경계는 따로 지적측량을 하지 않고 합병 전 각 필지의 경계 중 합병으로 필요 없게 된 부분을 말소하여 합병 후 필지의 경계로 결정한다.	
13	합병에 따른 면적은 따로 지적측량을 하지 않고 합병 전 각 필지의 면적을 합산하여 합병 후 필지의 면적으로 결정한다.	
14	「국토의 계획 및 이용에 관한 법률」 등 관계 법령에 따른 토지의 형질변경 등의 공사가 준공된 경우에는 지목변경을 신청할 수 있다.	
15	「도시개발법」에 따른 도시개발사업의 원활한 추진을 위하여 사업시행자가 공사 준공 전에 토지의 합병을 신청하는 경우에는 지목변경을 신청할 수 있다.	
16		토지소유자는 토지나 건축물의 용도가 변경되어 지목변경을 하여야 할 토지가 있으면 그 사유가 발생한 날부터 90일 이내에 지적소관청에 지목변경을 신청하여야 한다.
17		지목변경신청에 따른 첨부서류를 해당 지적소관청이 관리하는 경우에도 '지적소관청'의 확인으로 그 서류의 제출을 갈음할 수 없고 이를 제출하여야 한다.
18	지적소관청은 지적공부에 등록된 토지가 지형의 변화 등으로 바다로 된 경우로서 원상으로 회복할 수 없는 경우에는 지적공부에 등록된 토지소유자에게 지적공부의 등록말소 신청을 하도록 통지하여야 한다.	지적소관청은 지적공부에 등록된 토지가 일시적인 지형의 변화 등으로 바다로 된 경우에는 공유수면의 관리청에 지적공부의 등록말소 신청을 하도록 통지하여야 한다.
19	지적소관청은 바다로 된 토지의 등록말소 신청에 의하여 토지의 표시변경에 관한 등기를 할 필요가 있는 경우에는 지체 없이 관할 등기관서에 그 등기를 촉탁하여야 한다.	지적소관청으로부터 지적공부의 등록말소 신청을 하도록 통지를 받은 토지소유자가 통지를 받은 날부터 60일 이내에 등록말소 신청을 하지 아니하면, 지적소관청은 직권으로 그 지적공부의 등록사항을 말소하여야 한다.
20	지적소관청은 말소한 토지가 지형의 변화 등으로 다시 토지가 된 경우에는 그 지적측량성과 및 등록말소 당시의 지적공부 등 관계 자료에 따라 토지로 회복등록을 할 수 있다.	바다로 되어 말소된 토지가 지형의 변화 등으로 다시 토지가 된 경우 토지소유자는 그 사유가 발생한 날부터 90일 이내에 토지의 회복등록을 지적소관청에 신청하여야 한다.
21	지적소관청이 직권으로 지적공부의 등록사항을 말소하거나 회복등록하였을 때에는 그 정리 결과를 토지소유자 및 해당 공유수면의 관리청에 통지하여야 한다.	지적소관청이 지적공부의 등록사항을 말소하거나 회복등록하였을 때에는 그 정리 결과를 시·도지사 및 국토교통부장관에게 통보하여야 한다.

토지의 이동(축척변경)

1. 축척변경 대상토지

지적소관청은 지적도가 다음 중 어느 하나에 해당하는 경우에는 <u>토지소유자의 신청 또는 직권</u>으로 일정한 지역을 정하여 그 지역의 축척을 변경할 수 있다.

① <u>잦은 토지의 이동</u>으로 1필지의 규모가 <u>작아서</u> 소축척으로는 지적측량성과의 결정이나 토지의 이동에 따른 정리가 곤란한 경우
② 하나의 지번부여지역 안에 서로 다른 축척의 지적도가 있는 경우

2. 축척변경의 절차

① 토지소유자의 3분의 2 이상의 동의 및 축척변경위원회의 <u>의결</u>
② 시·도지사 또는 대도시 시장의 <u>승인</u>
③ 시·도지사 또는 대도시 시장으로부터 축척변경 승인을 받은 때에는 다음의 사항을 20일 이상 <u>공고</u>하여야 한다.

> ㉠ 축척변경의 목적, 시행지역 및 시행기간
> ㉡ 축척변경의 시행에 관한 세부계획
> ㉢ 축척변경의 시행에 따른 청산방법
> ㉣ 축척변경의 시행에 따른 토지소유자 등의 협조에 관한 사항

④ 축척변경 시행지역 내의 <u>토지소유자 또는 점유자</u>는 시행공고가 있는 날로부터 30일 이내에 시행공고일 현재 점유하고 있는 경계에 국토교통부령이 정하는 <u>경계점표지를 설치</u>하여야 한다.
⑤ 지적소관청은 축척변경 시행지역 안의 각 필지별 <u>지번·지목·면적·경계 또는 좌표</u>를 새로 정하여야 한다.
⑥ 청산절차

1	청산금 산정	㉠ 지적소관청은 면적의 증감이 있는 경우 증감면적에 대하여 <u>청산</u>을 하여야 한다. 다만, <u>소유자 전원이 청산하지 아니하기로 합의하여 이를 서면으로 제출한 경우는 그렇지 않다.</u> ㉡ 지적소관청은 면적증감에 대하여 청산을 하려는 때에는 <u>축척변경위원회의 의결</u>을 거쳐 지번별로 m^2당 금액을 정하여야 한다.
2	청산금의 공고 및 열람	지적소관청은 청산금을 산정한 때에는 청산금이 결정되었다는 뜻을 시·군·구 및 축척변경 시행지역 동·리의 게시판에 <u>15일 이상</u> 공고하여 일반인이 열람할 수 있게 하여야 한다. 암기 공통 1520
3	납부고지 및 수령통지	지적소관청은 청산금의 결정을 공고한 날로부터 20일 이내에 토지소유자에게 청산금의 납부고지 또는 수령통지를 하여야 한다. 암기 공통 1520
4	청산금의 납부 및 지급	㉠ 납부고지를 받은 자는 그 고지를 받은 날로부터 6개월 이내에 청산금을 지적소관청에 내야 하고, 지적소관청은 수령통지를 한 날로부터 6개월 이내에 청산금을 지급하여야 한다. ㉡ 지적소관청은 청산금을 지급받을 자가 행방불명 등으로 받을 수 없거나 받기를 거부할 때에는 그 <u>청산금을 공탁</u>할 수 있다.
5	이의신청	청산금에 대하여 이의가 있는 자는 납부고지 또는 수령통지를 받은 날로부터 1개월 이내에 <u>지적소관청</u>에 이의신청을 할 수 있다.

	빈출 **옳은지문 O**	빈출 **틀린지문 X**
1	지적소관청은 하나의 지번부여지역에 서로 다른 축척의 지적도가 있는 경우에는 토지소유자의 신청 또는 지적소관청의 직권으로 일정한 지역을 정하여 그 지역의 축척을 변경할 수 있다.	
2	축척변경을 신청하는 토지소유자는 축척변경 사유를 적은 신청서에 토지소유자 3분의 2 이상의 동의서를 첨부하여 지적소관청에 제출하여야 한다.	
3	지적소관청이 축척변경 시행공고를 할 때 축척변경의 목적, 시행지역 및 시행기간을 공고하여야 한다.	지적소관청이 축척변경 시행공고를 할 때 <u>축척변경의 시행자 선정 및 평가방법</u>을 공고하여야 한다.
4		지적소관청은 시·도지사 또는 대도시 시장으로부터 축척변경 승인을 받았을 때에는 지체 없이 축척변경의 목적, 시행지역 및 시행기간, 축척변경의 시행에 관한 세부계획, 축척변경의 시행에 따른 청산금액의 내용, 축척변경의 시행에 따른 토지소유자 등의 협조에 관한 사항을 <u>15일 이상 공고</u>하여야 한다.
5	축척변경 시행지역의 토지소유자 또는 점유자는 시행공고일부터 30일 이내에 시행공고일 현재 점유하고 있는 경계에 경계점표지를 설치하여야 한다.	
6	지적소관청은 청산금의 결정을 공고한 날부터 20일 이내에 토지소유자에게 청산금의 납부고지 또는 수령통지를 하여야 한다.	지적소관청은 축척변경에 관한 측량을 한 결과 측량 전에 비하여 면적의 증감이 있는 경우에는 그 증감면적에 대하여 청산을 하여야 한다. 다만, <u>토지소유자 3분의 2 이상</u>이 청산하지 아니하기로 합의하여 서면으로 제출한 경우에는 그러하지 아니하다.
7	지적소관청으로부터 청산금의 납부고지를 받은 자는 그 고지를 받은 날부터 6개월 이내에 청산금을 지적소관청에 내야 한다.	축척변경에 따른 청산금의 납부고지를 받은 자는 그 고지를 받은 날부터 <u>3개월</u> 이내에 청산금을 지적소관청에 내야 한다.
8		지적소관청은 청산금을 내야 하는 자가 납부고지를 받은 날부터 1개월 이내에 청산금에 관한 이의신청을 하지 아니하고, 고지를 받은 날부터 <u>3개월</u> 이내에 지적소관청에 청산금을 내지 아니하면 「지방행정제재·부과금의 징수 등에 관한 법률」에 따라 징수할 수 있다.
9	지적소관청은 청산금을 지급받을 자가 행방불명 등으로 받을 수 없거나 받기를 거부할 때에는 그 청산금을 공탁할 수 있다.	
10	수령통지된 청산금에 관하여 이의가 있는 자는 수령통지를 받은 날부터 1개월 이내에 지적소관청에 이의신청을 할 수 있다.	

⑦ 축척변경의 확정공고

      ㉠ 청산금의 납부 및 지급이 완료된 때에는 지적소관청은 다음의 사항을 포함하여 지체 없이 축척변경의 확정공고를 한다.

> ⓐ 토지의 소재 및 지역명
> ⓑ 축척변경 지번별 조서
> ⓒ 청산금 조서
> ⓓ 지적도의 축척

      ㉡ 축척변경 시행지역 안의 토지는 축척변경의 확정공고일에 토지의 이동이 있는 것으로 본다.

⑧ 지적소관청은 다음의 기준에 따라 지적공부에 등록한다.

> ㉠ 토지대장은 확정공고된 축척변경 지번별조서에 따를 것
> ㉡ 지적도는 확정측량결과도 또는 경계점좌표에 따를 것

3. 축척변경위원회

구성	① 축척변경위원회는 5명 이상 10명 이내의 위원으로 구성하되, 위원의 2분의 1 이상을 토지소유자로 하여야 한다. 이 경우 그 축척변경 시행지역 안의 토지소유자가 5명 이하인 때에는 토지소유자 전원을 위원으로 위촉하여야 한다. ② 위원장은 위원 중에서 지적소관청이 지명한다. ③ 위원은 해당 축척변경 시행지역의 토지소유자로서 지역 사정에 정통한 사람이나 지적에 관하여 전문지식을 가진 사람 중에서 지적소관청이 위촉한다.
심의 · 의결 사항	① 축척변경 시행계획에 관한 사항 ② 지번별 m^2당 금액의 결정과 청산금의 산정에 관한 사항 ③ 청산금의 이의신청에 관한 사항 ④ 그 밖의 축척변경과 관련하여 지적소관청이 회의에 부치는 사항

빈출 **옳은지문 O**	빈출 **틀린지문 X**
11 공간정보의 구축 및 관리 등에 관한 법령상 지적소관청은 청산금의 납부 및 지급이 완료되었을 때 지체 없이 축척 변경의 확정공고를 하여야 한다.	
12 청산금의 납부 및 지급이 완료되었을 때에는 지적소관청은 지체 없이 축척변경의 확정공고를 하여야 하며, 확정 공고 사항에는 토지의 소재 및 지역명, 축척변경 지번별 조서, 청산금 조서, 지적도의 축척이 포함되어야 한다.	
13 지적소관청은 축척변경 확정공고를 하였을 때에는 지체 없이 축척변경에 따라 확정된 사항을 지적공부에 등록하여야 하는데, 이 경우 토지대장은 '확정공고된 축척변경 지번별 조서'에 따라 등록한다.	
14 축척변경 시행지역의 토지소유자가 5명 이하일 때에는 토지소유자 전원을 축척변경위원회의 위원으로 위촉하여야 한다.	축척변경위원회는 <u>5명 이상 15명 이하</u>의 위원으로 구성하되, 위원의 <u>3분의 2 이상</u>을 토지소유자로 하여야 한다.
15 위원은 해당 축척변경 시행지역의 토지소유자로서 지역 사정에 정통한 사람과 지적에 관하여 전문지식을 가진 사람 중에서 지적소관청이 위촉한다.	
16 축척변경 시행계획에 관한 사항은 축척변경위원회의 심의·의결사항이다.	<u>축척변경 승인</u>에 관한 사항은 축척변경위원회의 심의·의결사항이다.
17 청산금의 이의신청에 관한 사항은 축척변경위원회의 심의·의결사항이다.	

등록사항 정정

1. 토지의 표시정정

소유자의 신청에 의한 정정	토지소유자는 지적공부의 등록사항에 잘못이 있음을 발견한 때에는 지적소관청에 그 정정을 신청할 수 있다. ➡ 읍·면·동장×
지적소관청 직권에 의한 정정	다음의 경우, 지적소관청은 지적공부의 등록사항에 잘못이 있음을 발견하면 직권으로 조사·측량하여 정정할 수 있다. ① 토지이동정리 결의서의 내용과 다르게 정리된 경우 ② 지적도 및 임야도에 등록된 필지가 면적의 증감 없이 경계의 위치만 잘못된 경우 ③ 지적공부의 작성 또는 재작성 당시 잘못 정리된 경우 ④ 지적측량성과와 다르게 정리된 경우 ➡ 측량준비파일× ⑤ 지적공부의 등록사항이 잘못 입력된 경우 ⑥ 지적측량적부심사 및 재심사청구에 따른 지적위원회의 의결결과에 따라 지적공부의 등록사항 정정을 하여야 하는 경우 ⑦ 토지합필의 제한에 위반한 등기의 신청을 각하한 때의 그 사유의 통지가 있는 경우(지적소관청의 착오로 잘못 합병한 경우만 해당) ⑧ 면적의 단위가 척관법에서 미터법으로의 변경에 따라 면적환산이 잘못된 경우

2. 토지소유자의 정정

등기된 토지	정정사항이 토지소유자에 관한 사항인 경우에는 등기필증, 등기완료통지서, 등기사항증명서 또는 등기관서에서 제공한 등기전산정보자료에 따라 정정하여야 한다.
미등기토지	미등기토지에 대하여 토지소유자의 성명 또는 명칭, 주민등록번호, 주소 등에 관한 사항의 정정을 신청한 경우로서 그 등록사항이 명백히 잘못된 경우에는 가족관계 기록사항에 관한 증명서에 따라 정정하여야 한다.

3. 등록사항 정정 대상토지에 대한 지적소관청의 조치

지적소관청의 조치	지적소관청은 토지의 표시가 잘못되었음을 발견하였을 때에는 지체 없이 등록사항 정정에 필요한 서류와 등록사항 정정 측량성과도를 작성하고, 토지이동정리 결의서를 작성한 후 대장의 사유란에 '등록사항 정정 대상토지'라고 적고, 토지소유자에게 등록사항 정정 신청을 할 수 있도록 그 사유를 통지하여야 한다.
열람 및 발급	등록사항 정정 대상토지에 대한 대장을 열람하게 하거나 등본을 발급하는 때에는 '등록사항 정정 대상토지'라고 적은 부분을 흑백의 반전(反轉)으로 표시하거나 붉은색으로 적어야 한다.

	빈출 **옳은지문 O**	빈출 **틀린지문 X**
1	지적소관청은 지적공부의 등록사항에 토지이동정리 결의서의 내용과 다르게 정리된 경우 직권으로 조사·측량하여 정정할 수 있다.	<u>토지이용계획확인서</u>의 내용과 다르게 정리된 경우, 지적소관청은 직권으로 조사·측량하여 이를 정정할 수 있다.
2	지적도 및 임야도에 등록된 필지가 면적의 증감 없이 경계의 위치만 잘못된 경우, 지적소관청은 직권으로 조사·측량하여 이를 정정할 수 있다.	지적도에 등록된 필지의 경계가 지상경계와 일치하지 않아 <u>면적의 증감이 있는 경우</u>, 지적소관청은 직권으로 조사·측량하여 이를 정정할 수 있다.
3	지적공부의 작성 또는 재작성 당시 잘못 정리된 경우, 지적소관청은 직권으로 조사·측량하여 이를 정정할 수 있다.	<u>연속지적도</u>가 잘못 작성된 경우, 지적소관청은 직권으로 조사·측량하여 지적공부를 정정할 수 있다.
4	지적측량성과와 다르게 정리된 경우, 지적소관청은 직권으로 조사·측량하여 이를 정정할 수 있다.	<u>측량 준비파일</u>과 다르게 정리된 경우, 지적소관청은 직권으로 조사·측량하여 이를 정정할 수 있다.
5	지적공부의 등록사항이 잘못 입력된 경우, 지적소관청은 직권으로 조사·측량하여 이를 정정할 수 있다.	
6	지방지적위원회 또는 중앙지적위원회의 의결서 사본을 받은 지적소관청은 그 내용에 따라 지적공부의 등록사항을 직권으로 정정하여야 한다.	
7	지적소관청은 토지의 표시가 잘못되었음을 발견하였을 때에는 지체 없이 등록사항 정정에 필요한 서류와 등록사항 정정 측량성과도를 작성하고, 토지이동정리 결의서를 작성한 후 대장의 사유란에 '등록사항 정정 대상토지'라고 적고, 토지소유자에게 등록사항 정정 신청을 할 수 있도록 그 사유를 통지하여야 한다.	
8	공간정보의 구축 및 관리 등에 관한 법령상 지적소관청은 등록사항 정정 대상토지에 대한 대장을 열람하게 하거나 등본을 발급하는 때에는 '등록사항 정정 대상토지'라고 적은 부분을 흑백의 반전(反轉)으로 표시하거나 붉은색으로 적어야 한다.	

지적정리의 개시 유형

1. 토지소유자의 신청

지적공부에 등록하는 지번·지목·면적·경계 또는 좌표는 토지의 이동이 있을 때에 토지소유자의 신청을 받아 지적소관청이 결정한다.

2. 도시개발사업 등 시행지역의 신청

신고	도시개발사업, 농어촌정비사업, 그 밖에 대통령령으로 정하는 토지개발사업의 시행자는 그 사업의 착수·변경 또는 완료 사실을 그 사유가 발생한 날부터 15일 이내에 지적소관청에 신고하여야 한다.
신청	① 도시개발사업, 농어촌정비사업, 그 밖에 대통령령으로 정하는 토지개발사업과 관련하여 토지의 이동이 필요한 경우 해당 사업의 시행자는 지적소관청에 토지의 이동을 신청하여야 한다. 이 경우 토지소유자에게는 신청권이 없다. ② 사업의 완료신고가 되기 전에 사업의 착수 또는 변경의 신고가 된 토지의 소유자가 해당 토지의 이동을 원하는 경우에는 해당 사업의 시행자에게 그 토지의 이동을 신청하도록 요청하여야 하며, 요청을 받은 사업시행자는 해당 사업에 지장이 없다고 판단되면 지적소관청에 그 이동을 신청하여야 한다. ③ 「주택법」에 따른 주택건설사업의 시행자가 파산 등의 이유로 토지의 이동신청을 할 수 없는 때에는 그 주택의 시공을 보증한 자 또는 입주예정자 등이 신청할 수 있다. ④ 도시개발사업 등 그 신청대상지역이 환지를 수반하는 경우에는 도시개발사업 등의 사업완료신고로써 토지의 이동신청에 갈음할 수 있다.
토지이동의 시기	도시개발사업 등으로 인한 토지의 이동은 토지의 형질변경 등의 공사가 준공된 때 이루어진 것으로 본다.

3. 토지이동의 효력발생시기

원칙		지적공부에 등록한 때 ➡ 지적형식주의
예외	축척변경	확정공고일
	토지개발사업	공사가 준공된 때

빈출 **옳은지문 O**	빈출 **틀린지문 X**
1 공간정보의 구축 및 관리 등에 관한 법령상 「도시개발법」에 따른 도시개발사업, 「농어촌정비법」에 따른 농어촌정비사업 등의 사업시행자는 그 사업의 착수·변경 및 완료 사실을 지적소관청에 신고하여야 한다.	「농어촌정비법」에 따른 농어촌정비사업의 시행자는 그 사업의 착수변경 및 완료 사실을 <u>시·도지사에게</u> 신고하여야 한다.
2 공간정보의 구축 및 관리 등에 관한 법령상 도시개발사업 등의 착수·변경 또는 완료 사실의 신고는 그 사유가 발생한 날부터 15일 이내에 하여야 한다.	
3 도시개발사업 등의 사업의 착수 또는 변경의 신고가 된 토지의 소유자가 해당 토지의 이동을 원하는 경우에는 해당 사업의 시행자에게 그 토지의 이동을 신청하도록 요청하여야 한다.	
4 「주택법」에 따른 주택건설사업의 시행자가 파산 등의 이유로 토지의 이동 신청을 할 수 없을 때에는 그 주택의 시공을 보증한 자 또는 입주예정자 등이 신청할 수 있다.	
5 「택지개발촉진법」에 따른 택지개발사업의 사업시행자가 지적소관청에 토지의 이동을 신청할 경우, 신청 대상 지역이 환지를 수반하는 경우에는 지적소관청에 신고한 사업완료신고로써 이를 갈음할 수 있다.	
6 도시개발사업 등의 사업시행자가 토지의 이동을 신청한 경우 토지의 이동은 토지의 형질변경 등의 공사가 준공된 때에 이루어진 것으로 본다.	「농어촌정비법」에 따른 농어촌정비사업의 사업시행자가 지적소관청에 토지의 이동을 신청한 경우 토지의 이동은 토지의 형질변경 등의 공사가 <u>착수(시행)된</u> 때에 이루어진 것으로 본다.

지적정리 및 등기촉탁

1. 토지의 표시 정리

① 지적소관청은 토지의 이동이 있는 경우 토지의 표시를 정리하여야 한다.

② 지적소관청은 토지의 이동이 있는 경우에는 토지이동정리 결의서를 작성하여야 한다.

2. 토지의 소유자정리

소유자정리 결의서 작성	지적소관청은 토지소유자의 변동 등에 따라 지적공부를 정리하려는 경우에는 소유자정리 결의서를 작성하여야 한다.
이미 등록된 토지의 소유자정리	① 원칙(등기부에 의한 정리): 지적공부에 등록된 토지소유자의 변경사항은 등기관서에서 등기한 것을 증명하는 등기필증, 등기완료통지서, 등기사항증명서 또는 등기관서에서 제공한 등기전산정보자료에 따라 정리한다. ② 토지의 표시 불일치: 등기부에 적혀 있는 토지의 표시가 지적공부와 일치하지 아니하면 위 ①에 따라 토지소유자를 정리할 수 없다. 이 경우 토지의 표시와 지적공부가 일치하지 아니하다는 사실을 관할 등기관서에 통지하여야 한다. ③ 소유자 불일치: 지적소관청은 필요하다고 인정하는 경우에는 관할 등기관서의 등기부를 열람하여 지적공부와 부동산등기부가 일치하는지 여부를 조사·확인하여야 한다. 일치하지 아니하는 사항을 발견하면 등기사항증명서 또는 등기전산정보자료에 따라 지적공부를 직권으로 정리하거나, 토지소유자나 그 밖의 이해관계인에게 신청 등을 하도록 요구할 수 있다. ➡ 지적소관청 소속 공무원이 지적공부와 부동산등기부의 부합 여부를 확인하기 위하여 등기부를 열람하거나, 등기사항증명서의 발급을 신청하는 경우 그 수수료는 무료로 한다.
신규등록지 및 소유자 없는 부동산에 대한 소유자 등록	① 신규등록: 토지를 신규등록하는 때에는 지적소관청이 직접 조사하여 소유자를 등록한다. ② 소유자 없는 부동산: 「국유재산법」에 따른 총괄청이나 중앙관서의 장이 소유자 없는 부동산에 대한 소유자 등록을 신청하는 경우 지적소관청은 지적공부에 해당 토지의 소유자가 등록되지 아니한 경우에만 등록할 수 있다.

3. 변경등기 촉탁

① 지적소관청은 토지의 이동에 따라 토지의 표시를 정리한 경우 관할 등기관서에 변경등기를 촉탁한다.

② 신규등록은 토지의 이동이지만, 변경등기의 촉탁대상이 아니다.

③ 소유자를 정리한 경우는 변경등기의 촉탁대상이 아니다.

4. 지적정리 등의 통지시기

① 토지의 표시에 관한 변경등기가 필요한 경우: 그 등기완료통지서를 접수한 날부터 15일 이내

② 토지의 표시에 관한 변경등기가 필요하지 않은 경우: 지적공부에 등록한 날부터 7일 이내

	빈출 **옳은 지문 O**	빈출 **틀린 지문 X**
1	지적소관청은 지적공부 정리를 하여야 할 토지의 이동이 있는 경우에는 토지이동정리 결의서를 작성하여야 한다.	
2	지적소관청은 토지소유자의 변동 등에 따라 지적공부를 정리하려는 경우에는 소유자정리 결의서를 작성하여야 한다.	
3	토지대장에 등록된 토지소유자의 변경사항은 등기관서에서 등기한 것을 증명하는 등기필증, 등기완료통지서, 등기사항증명서 또는 등기전산정보자료에 따라 정리할 수 있다.	지적공부에 <u>신규</u>등록하는 토지의 소유자에 관한 사항은 등기관서에서 등기한 것을 증명하는 등기필증, 등기완료통지서, 등기사항증명서 또는 등기관서에서 제공한 등기전산정보자료에 따라 정리한다.
4	지적소관청은 등기부에 적혀 있는 토지의 표시가 지적공부와 일치하지 아니하면 토지소유자를 정리할 수 없다.	
5	지적소관청은 필요하다고 인정하는 경우에는 관할 등기관서의 등기부를 열람하여 지적공부와 부동산등기부가 일치하는지 여부를 조사·확인하여야 한다.	
6	지적소관청 소속 공무원이 지적공부와 부동산등기부의 부합 여부를 확인하기 위하여 등기전산정보자료의 제공을 요청하는 경우 그 수수료는 무료로 한다.	
7	「국유재산법」에 따른 총괄청이나 같은 법에 따른 중앙관서의 장이 소유자 없는 부동산에 대한 소유자 등록을 신청하는 경우 지적소관청은 지적공부에 해당 토지의 소유자가 등록되지 아니한 경우에만 등록할 수 있다.	
8	지번부여지역의 전부 또는 일부에 대하여 지번을 새로 부여한 경우, 지적소관청은 지체 없이 관할 등기관서에 그 토지의 표시 변경등기를 촉탁하여야 한다.	지적소관청이 신규등록하는 토지의 소유자를 직접 조사하여 등록한 경우, 지적소관청은 지체 없이 관할 등기관서에 그 <u>토지의 표시 변경등기</u>를 촉탁하여야 한다.
9	지적소관청은 토지이동에 따른 토지의 표시에 관한 변경등기가 필요한 경우 그 등기완료의 통지서를 접수한 날부터 15일 이내에 토지소유자에게 지적정리 등을 통지하여야 한다.	지적소관청은 토지이동에 따른 토지의 표시에 관한 변경등기가 필요한 경우 그 등기완료의 통지서를 접수한 날부터 <u>30일 이내</u>에 토지소유자에게 지적정리 등을 통지하여야 한다.
10	토지의 표시에 관한 변경등기가 필요하지 아니한 경우, 지적소관청은 지적공부에 등록한 날부터 7일 이내에 해당 토지소유자에게 통지하여야 한다.	토지의 표시에 관한 변경등기가 필요하지 아니한 경우, 지적소관청은 지적공부에 등록한 날부터 <u>10일 이내</u>에 해당 토지소유자에게 통지하여야 한다.

지적측량의 대상(13종)

(1) 기초측량: 지적기준점을 정하는 경우

(2) 검사측량: 지적측량성과를 검사하는 경우

(3) 다음의 어느 하나에 해당하는 경우로서 측량을 할 필요가 있는 경우

> ① 복구측량: 지적공부를 복구하는 경우
> ② 신규등록측량: 토지를 신규등록하는 경우
> ③ 등록전환측량: 토지를 등록전환하는 경우
> ④ 분할측량: 토지를 분할하는 경우
> ⑤ 등록말소측량: 바다가 된 토지의 등록을 말소하는 경우
> ⑥ 축척변경측량: 축척을 변경하는 경우
> ⑦ 등록사항정정측량: 지적공부의 등록사항을 정정하는 경우
> ⑧ 지적확정측량: 도시개발사업 등의 시행지역에서 토지의 이동이 있는 경우
> ⑨ 지적재조사측량: 지적재조사사업에 따라 토지의 이동이 있는 경우

(4) 경계복원측량: 경계점을 지상에 복원하는 경우

(5) 지적현황측량: 지상건축물 등의 현황을 지적도 및 임야도에 등록된 경계와 대비하여 표시하는 데 필요한 경우

참고 지적측량을 하지 않는 경우
1. 지번변경
2. 지목변경
3. 토지의 합병
4. 연속지적도에 있는 경계점을 지상에 표시하기 위한 경우
5. 토목공사를 위한 주요 지형측량(일반 측량에 해당)
6. 행정구역개편

	빈출 **옳은지문 O**		빈출 **틀린지문 X**
1	공간정보의 구축 및 관리 등에 관한 법령상 지적기준점을 정하는 경우 지적측량을 실시하여야 한다.		
2	지적측량수행자가 실시한 측량성과에 대하여 지적소관청이 검사를 위해 측량을 하는 경우, 지적측량을 실시하여야 한다.		
3	지적소관청이 지적공부의 일부가 멸실되어 이를 복구하기 위하여 측량을 할 필요가 있는 경우, 지적측량을 실시하여야 한다.		
4	토지소유자가 지적소관청에 신규등록 신청을 하기 위하여 측량을 할 필요가 있는 경우, 지적측량을 실시하여야 한다.		
5	공간정보의 구축 및 관리 등에 관한 법령상 바다가 된 토지의 등록을 말소하는 경우로서 지적측량을 할 필요가 있는 경우, 지적측량을 실시하여야 한다.		
6	공간정보의 구축 및 관리 등에 관한 법령상 지적공부의 등록사항을 정정하는 경우로서 측량을 할 필요가 있는 경우 지적측량을 실시하여야 한다.		지적공부에 등록된 지목이 불분명하여 지적공부를 재작성하는 경우로서 측량을 할 필요가 있는 경우, <u>지적측량을 실시하여야 한다</u>.
7	「도시 및 주거환경정비법」에 따른 정비사업 시행지역에서 토지의 이동이 있는 경우로서 측량을 할 필요가 있는 경우, 지적측량을 실시하여야 한다.		
8	「지적재조사에 관한 특별법」에 따른 지적재조사사업에 따라 토지의 이동이 있어 측량을 할 필요가 있는 경우, 지적측량을 실시하여야 한다.		
9	공간정보의 구축 및 관리 등에 관한 법령상 경계점을 지상에 복원하는 경우, 지적측량을 실시하여야 한다.		연속지적도에 있는 경계점을 지상에 표시하기 위해 측량을 하는 경우, <u>지적측량을 실시하여야 한다</u>.
10	공간정보의 구축 및 관리 등에 관한 법령상 지상건축물 등의 현황을 지적도 및 임야도에 등록된 경계와 대비하여 표시하는 데에 필요한 경우, 지적측량을 실시하여야 한다.		공간정보의 구축 및 관리 등에 관한 법령상 지상건축물 등의 현황을 지형도에 표시하는 데에 필요한 경우, <u>지적측량을 실시하여야 한다</u>.

지적측량의 절차 및 측량기간

1. 지적측량 절차

1	지적측량 의뢰	① 토지소유자 등 이해관계인은 지적측량을 하여야 할 필요가 있는 때에는 지적측량수행자 (지적측량업의 등록을 한 자와 한국국토정보공사)에게 해당 지적측량을 의뢰하여야 한다. ➡ 지적소관청✗ ② 지적측량성과를 검사하기 위한 검사측량과 지적재조사사업에 따른 지적재조사측량은 지적측량 의뢰의 대상에서 제외된다. 암기 재검
2	지적측량 의뢰서 제출	지적측량을 의뢰하려는 자는 지적측량 의뢰서(전자문서로 된 의뢰서를 포함)에 의뢰 사유를 증명하는 서류(전자문서를 포함)를 첨부하여 지적측량수행자에게 제출하여야 한다.
3	지적측량수행계획서 제출 및 측량실시	① 지적측량 의뢰를 받은 지적측량수행자는 측량기간·측량일자·측량수수료 등을 기재한 지적측량 수행계획서를 그 다음 날까지 지적소관청에 제출하여야 한다. ② 지적측량수행자는 지적측량 의뢰를 받으면 지적측량을 하여 그 측량성과를 결정하여야 한다.
4	측량성과 검사	① 지적측량수행자가 지적측량을 하였으면 시·도지사, 대도시 시장 또는 지적소관청으로부터 측량성과에 대한 검사를 받아야 한다. ② 지적공부를 정리하지 아니하는 경계복원측량과 지적현황측량은 검사를 받지 않는다. 암기 현경이 통과
5	지적측량성과도 발급	지적소관청은 측량성과를 검사하여 측량성과가 정확하다고 인정되는 때에는 지적측량성과도를 지적측량수행자에게 발급하여야 하며, 지적측량수행자는 측량의뢰인에게 그 지적측량성과도를 포함한 지적측량결과부를 지체 없이 발급하여야 한다.

2. 지적측량기간 및 측량검사기간

세부측량기간	지적측량의 측량기간은 5일로 하며, 측량검사기간은 4일로 한다.
기초측량기간	세부측량을 하기 위하여 지적기준점을 설치하여 측량 또는 측량검사를 하는 경우 지적기준점이 15점 이하인 때에는 4일을, 15점을 초과하는 때에는 4일에 15점을 초과하는 4점마다 1일을 가산한다.
합의한 경우	지적측량의뢰인과 지적측량수행자가 서로 합의하여 따로 기간을 정하는 경우에는 그 기간에 따르되, 전체 기간의 4분의 3은 측량기간으로, 전체 기간의 4분의 1은 측량검사기간으로 본다.

빈출	**옳은 지문 O**	빈출	**틀린 지문 X**
1	토지소유자는 토지를 분할하는 경우로서 지적측량을 할 필요가 있는 경우에는 지적측량수행자에게 지적측량을 의뢰하여야 한다.		
2	공간정보의 구축 및 관리 등에 관한 법령상 지적측량성과를 검사하기 위한 검사측량을 할 필요가 있는 경우, 토지소유자 등 이해관계인은 지적측량수행자에게 지적측량을 의뢰할 수 없다.		공간정보의 구축 및 관리 등에 관한 법령상 「지적재조사에 관한 특별법」에 따른 지적재조사사업에 따라 토지의 이동이 있는 경우로서 지적측량을 할 필요가 있는 경우, 토지소유자 등 이해관계인은 지적측량수행자에게 <u>지적측량을 의뢰하여야 한다.</u>
3	지적측량을 의뢰하려는 자는 지적측량 의뢰서(전자문서로 된 의뢰서를 포함한다)에 의뢰 사유를 증명하는 서류(전자문서를 포함한다)를 첨부하여 지적측량수행자에게 제출하여야 한다.		
4	지적측량수행자는 지적측량 의뢰를 받은 때에는 측량기간, 측량일자 및 측량 수수료 등을 적은 지적측량 수행계획서를 그 다음 날까지 지적소관청에 제출하여야 한다.		지적측량수행자가 지적측량 의뢰를 받은 때에는 측량기간, 측량일자 및 측량수수료 등을 적은 지적측량 수행계획서를 그 다음 날까지 <u>시·도지사</u>에게 제출하여야 한다.
5	지적측량수행자가 실시한 지적현황측량의 측량성과에 대하여 시·도지사, 대도시 시장 또는 지적소관청으로부터 측량성과 검사를 받지 않아도 된다.		
6	지적기준점을 설치하지 아니하고, 지적측량의뢰인과 지적측량수행자가 서로 합의하여 따로 기간을 정하는 경우를 제외한 지적측량의 측량기간은 5일, 측량검사기간은 4일로 한다.		
7	지적측량의 측량기간은 5일로 하며, 측량검사기간은 4일로 한다. 다만, 지적기준점을 설치하여 측량 또는 측량검사를 하는 경우 지적기준점이 15점 이하인 경우에는 4일을, 15점을 초과하는 경우에는 4일에 15점을 초과하는 4점마다 1일을 가산한다.		
8	공간정보의 구축 및 관리 등에 관한 법령에 따라 지적측량의뢰인과 지적측량수행자가 서로 합의하여 토지의 분할을 위한 측량기간과 측량검사기간을 합쳐 20일로 정한 경우, 측량검사기간은 5일로 본다.		지적측량의뢰인과 지적측량수행자가 서로 합의하여 따로 기간을 정하는 경우에는 그 기간에 따르되, 전체 기간의 <u>5분의 3은 측량기간</u>으로, 전체 기간의 <u>5분의 2는 측량검사기간</u>으로 본다.

지적위원회 및 지적측량 적부(재)심사

1. 지적위원회

(1) 지적위원회의 종류, 구성, 회의 등

종류	국토교통부에 중앙지적위원회를 두고, 시·도에 지방지적위원회를 둔다.
구성 및 임기 등	① 중앙지적위원회는 위원장 1명과 부위원장 1명을 포함하여 5명 이상 10명 이하의 위원으로 구성한다. ② 위원장은 국토교통부의 지적업무 담당 국장이, 부위원장은 국토교통부의 지적업무 담당 과장이 된다. ③ 위원은 지적에 관한 학식과 경험이 풍부한 사람 중에서 국토교통부장관이 임명하거나 위촉한다. ④ 위원장 및 부위원장을 제외한 위원의 임기는 2년으로 한다. ⑤ 중앙지적위원회의 간사는 국토교통부의 지적업무담당 공무원 중에서 국토교통부장관이 임명하며, 회의 준비, 회의록 작성 및 회의 결과에 따른 업무 등 중앙지적위원회의 서무를 담당한다.
회의 등	① 중앙지적위원회의 회의는 재적위원 과반수의 출석으로 개의(開議)하고, 출석위원 과반수의 찬성으로 의결한다. ② 중앙지적위원회는 관계인을 출석하게 하여 의견을 들을 수 있으며, 필요하면 현지조사를 할 수 있다. ③ 위원장이 중앙지적위원회의 회의를 소집할 때에는 회의 일시·장소 및 심의 안건을 회의 5일 전까지 각 위원에게 서면으로 통지하여야 한다.

(2) 지적위원회의 심의·의결사항

중앙지적위원회	① 지적 관련 정책 개발 및 업무 개선 등에 관한 사항 ② 지적측량기술의 연구·개발 및 보급에 관한 사항 ③ 측량기술자 중 '지적기술자'의 양성에 관한 사항 ④ 지적측량 적부심사에 대한 재심사 ⑤ 지적기술자의 업무정지 처분 및 징계요구에 관한 사항
지방지적위원회	지적측량에 대한 적부심사 청구사항

	빈출 **옳은 지문 O**	빈출 **틀린 지문 X**
1	중앙지적위원회는 위원장 1명과 부위원장 1명을 포함하여 5명 이상 10명 이하의 위원으로 구성한다.	
2	중앙지적위원회의 위원장은 국토교통부의 지적업무 담당 국장이, 부위원장은 국토교통부의 지적업무 담당 과장이 된다.	
3		중앙지적위원회의 간사는 국토교통부의 지적업무담당 공무원 중에서 지적업무 담당 국장이 임명하며, 회의 준비, 회의록 작성 및 회의 결과에 따른 업무 등 중앙지적위원회의 서무를 담당한다.
4	중앙지적위원회의 회의는 재적의원 과반수의 출석으로 개의하고, 출석위원 과반수의 찬성으로 의결한다.	
5	중앙지적위원회는 관계인을 출석하게 하여 의견을 들을 수 있으며, 필요하면 현지조사를 할 수 있다.	
6		위원장이 중앙지적위원회의 회의를 소집할 때에는 회의 일시·장소 및 심의 안건을 회의 7일 전까지 각 위원에게 서면으로 통지하여야 한다.
7	중앙지적위원회는 지적측량기술의 연구·개발 및 보급에 관한 사항과 지적 관련 정책 개발 및 업무 개선 등에 관한 사항을 심의·의결한다.	
8	중앙지적위원회는 측량기술자 중 지적기술자의 양성에 관한 사항과 지적기술자의 업무정지 처분 및 징계요구에 관한 사항을 심의·의결한다.	
9	중앙지적위원회는 지적측량 적부심사에 대한 재심사와 지적기술자의 업무정지 처분 및 징계요구에 관한 사항을 심의·의결한다.	중앙지적위원회는 지적재조사 기본계획의 수립 및 변경에 관한 사항을 심의·의결한다.

2. 지적측량 적부(재)심사 절차

1	적부심사 청구	토지소유자, 이해관계인 또는 지적측량수행자는 지적측량성과에 대하여 다툼이 있는 경우에는 관할 시·도지사를 거쳐 지방지적위원회에 지적측량 적부심사를 청구할 수 있다.
2	청구서 제출	토지소유자나 이해관계인이 적부심사를 청구하는 경우, 심사청구서에 지적측량을 의뢰하여 발급받은 지적측량성과를 첨부하여 시·도지사를 거쳐 지방지적위원회에 제출하여야 한다.
3	지방지적위원회에 회부	지적측량 적부심사 청구를 받은 시·도지사는 30일 이내에 일정한 사항을 조사하여 지방지적위원회에 회부하여야 한다.
4	심의 및 의결	지방지적위원회는 그 심사청구를 회부받은 날부터 60일 이내에 심의·의결하여야 한다. 다만, 부득이한 경우에는 그 심의기간을 해당 지적위원회의 의결을 거쳐 30일 이내에서 한 번만 연장할 수 있다.
5	의결서 송부	지방지적위원회는 지적측량 적부심사를 의결한 때에는 위원장과 참석위원 전원이 서명날인한 지적측량 적부심사 의결서를 작성하여 지체 없이 시·도지사에게 송부하여야 한다.
6	청구인 및 이해관계인에게 통지	① 시·도지사는 의결서를 받은 날부터 7일 이내에 지적측량 적부심사 청구인 및 이해관계인에게 그 의결서를 통지하여야 한다. ② 시·도지사가 의결서를 통지하는 때에는 그 의결서를 받은 날부터 90일 이내에 재심사를 청구할 수 있음을 서면으로 알려야 한다.
7	재심사 청구	지적측량 적부심사 의결서를 받은 자가 지방지적위원회의 의결에 불복하는 경우에는 그 의결서를 받은 날부터 90일 이내에 국토교통부장관을 거쳐 중앙지적위원회에 재심사를 청구할 수 있다.
8	등록사항 직권정정	지방지적위원회 또는 중앙지적위원회의 의결서 사본을 받은 지적소관청은 그 내용에 따라 지적공부의 등록사항을 직권으로 정정하거나 측량성과를 수정하여야 한다.

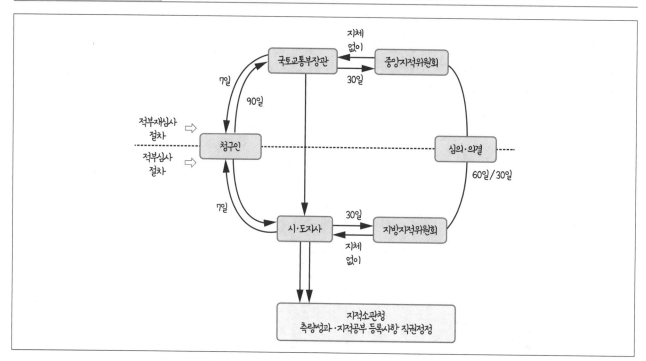

	빈출 **옳은 지문 O**	빈출 **틀린 지문 X**
10	토지소유자, 이해관계인 또는 지적측량수행자는 지적측량 성과에 대하여 다툼이 있는 경우에는 관할 시·도지사를 거쳐 지방지적위원회에 지적측량 적부심사를 청구할 수 있다.	
11		지적측량 적부심사청구를 받은 <u>지적소관청</u>은 30일 이내에 다툼이 되는 지적측량의 경위 및 그 성과, 해당 토지에 대한 토지이동 및 소유권 변동 연혁, 해당 토지 주변의 측량기준점, 경계, 주요 구조물 등 현황 실측도를 조사하여 지방지적위원회에 회부하여야 한다.
12		지적측량 적부심사청구를 회부받은 지방지적위원회는 부득이한 경우가 아닌 경우 그 심사청구를 회부받은 날부터 <u>90일 이내</u>에 심의·의결하여야 한다.
13		지방지적위원회는 부득이한 경우에 심의기간을 해당 지적위원회의 의결을 거쳐 <u>60일 이내</u>에서 한 번만 연장할 수 있다.
14	시·도지사는 지방지적위원회의 지적측량 적부심사 의결서를 받은 날부터 7일 이내에 지적측량 적부심사 청구인 및 이해관계인에게 그 의결서를 통지하여야 한다.	
15	시·도지사로부터 의결서를 받은 자가 지방지적위원회의 의결에 불복하는 경우에는 그 의결서를 받은 날부터 90일 이내에 국토교통부장관을 거쳐 중앙지적위원회에 재심사를 청구할 수 있다.	의결서를 받은 자가 지방지적위원회의 의결에 불복하는 경우에는 그 의결서를 받은 날부터 90일 이내에 <u>시·도지사</u>를 거쳐 중앙지적위원회에 재심사를 청구할 수 있다.
16	지방지적위원회 또는 중앙지적위원회의 의결서 사본을 받은 지적소관청은 그 내용에 따라 지적공부의 등록사항을 직권으로 정정하여야 한다.	

삶의 순간순간이
아름다운 마무리이며
새로운 시작이어야 한다.

– 법정 스님

MEMO

2025 에듀윌 공인중개사 김민석 테마별 한쪽정리 부동산공시법

발 행 일	2025년 3월 20일 초판
편 저 자	김민석
펴 낸 이	양형남
펴 낸 곳	㈜에듀윌
I S B N	979-11-360-3677-3
등록번호	제25100-2002-000052호
주 소	08378 서울특별시 구로구 디지털로34길 55
	코오롱싸이언스밸리 2차 3층

www.eduwill.net

대표전화 1600-6700

여러분의 작은 소리
에듀윌은 크게 듣겠습니다.

본 교재에 대한 여러분의 목소리를 들려주세요.
공부하시면서 어려웠던 점, 궁금한 점,
칭찬하고 싶은 점, 개선할 점, 어떤 것이라도 좋습니다.

에듀윌은 여러분께서 나누어 주신 의견을
통해 끊임없이 발전하고 있습니다.

에듀윌 도서몰 book.eduwill.net
• 부가학습자료 및 정오표: 에듀윌 도서몰 → 도서자료실
• 교재 문의: 에듀윌 도서몰 → 문의하기 → 교재(내용, 출간) / 주문 및 배송

에듀윌 직영학원에서
합격을 수강하세요

언제나 전문 학습 매니저와 상담이 가능한 안내데스크

고품질 영상 및 음향 장비를 갖춘 최고의 강의실

재충전을 위한 카페 분위기의 아늑한 휴게실

에듀윌의 상징 노란색의 환한 학원 입구

에듀윌 직영학원 대표전화

공인중개사 학원 02)815-0600	공무원 학원 02)6328-0600	편입 학원 02)6419-0600
주택관리사 학원 02)815-3388	소방 학원 02)6337-0600	부동산아카데미 02)6736-0600
전기기사 학원 02)6268-1400		

공인중개사학원
바로가기

에듀윌 공인중개사 동문회 특권

1. 에듀윌 공인중개사 합격자 모임

2. 앰배서더 가입 자격 부여

3. 동문회 인맥북

업계 최대 네트워크

4. 개업 축하 선물

5. 온라인 커뮤니티

부동산 정보
실시간 공유

6. 오프라인 커뮤니티

지부/기수 정기모임

7. 공인중개사 취업박람회

8. 동문회 주최 실무 특강

9. 프리미엄 복지혜택

숙박/자기계발/의료
및 소식지 무료 구독

10. 마이오피스

동문 사무소
등록/조회

11. 동문회와 함께하는 사회공헌활동

※ 본 특권은 회원별로 상이하며, 예고 없이 변경될 수 있습니다.

에듀윌 공인중개사 동문회 | dongmun.eduwill.net
문의 | 1600-6700

에듀윌 부동산 아카데미
강의 듣기

성공 창업의 필수 코스
부동산 창업 CEO 과정

1 튼튼 창업 기초

- 창업 입지 컨설팅
- 중개사무 문서작성
- 성공 개업 실무TIP

2 중개업 필수 실무

- 온라인 마케팅
- 세금 실무
- 토지/상가 실무
- 재개발/재건축

3 실전 Level-Up

- 계약서작성 실습
- 중개영업 실무
- 사고방지 민법실무
- 빌딩 중개 실무
- 부동산경매

4 부동산 투자

- 시장 분석
- 투자 정책

부동산으로 성공하는
컨설팅 전문가 3대 특별 과정

마케팅 마스터

- 데이터 분석
- 블로그 마케팅
- 유튜브 마케팅
- 실습 샘플 파일 제공

디벨로퍼 마스터

- 부동산 개발 사업
- 유형별 절차와 특징
- 토지 확보 및 환경 분석
- 사업성 검토

빅데이터 마스터

- QGIS 프로그램 이해
- 공공데이터 분석 및 활용
- 컨설팅 리포트 작성
- 토지 상권 분석

경매의 神과 함께 '중개'에서
'경매'로 수수료 업그레이드

- 공인중개사를 위한 경매 실무
- 투자 및 중개업 분야 확장
- 고수들만 아는 돈 되는 특수 물권
- 이론(기본) - 이론(심화) -
  임장 3단계 과정
- 경매 정보 사이트 무료 이용

실전 경매의 神
안성선
이주왕
장석태

에듀윌 부동산 아카데미 | uland.eduwill.net
문의 | 온라인 강의 1600-6700, 학원 강의 02)6736-0600

꿈을 현실로 만드는
에듀윌

DREAM

공무원 교육
- 선호도 1위, 신뢰도 1위! 브랜드만족도 1위!
- 합격자 수 2,100% 폭등시킨 독한 커리큘럼

자격증 교육
- 9년간 아무도 깨지 못한 기록 합격자 수 1위
- 가장 많은 합격자를 배출한 최고의 합격 시스템

직영학원
- 검증된 합격 프로그램과 강의
- 1:1 밀착 관리 및 컨설팅
- 호텔 수준의 학습 환경

종합출판
- 온라인서점 베스트셀러 1위!
- 출제위원급 전문 교수진이 직접 집필한 합격 교재

어학 교육
- 토익 베스트셀러 1위
- 토익 동영상 강의 무료 제공

콘텐츠 제휴 · B2B 교육
- 고객 맞춤형 위탁 교육 서비스 제공
- 기업, 기관, 대학 등 각 단체에 최적화된 고객 맞춤형 교육 및 제휴 서비스

부동산 아카데미
- 부동산 실무 교육 1위!
- 상위 1% 고소득 창업/취업 비법
- 부동산 실전 재테크 성공 비법

학점은행제
- 99%의 과목이수율
- 17년 연속 교육부 평가 인정 기관 선정

대학 편입
- 편입 교육 1위!
- 최대 200% 환급 상품 서비스

국비무료 교육
- '5년우수훈련기관' 선정
- K-디지털, 산대특 등 특화 훈련과정
- 원격국비교육원 오픈

에듀윌 교육서비스 **공무원 교육** 9급공무원/소방공무원/계리직공무원 **자격증 교육** 공인중개사/주택관리사/손해평가사/감정평가사/노무사/전기기사/경비지도사/검정고시/소방설비기사/소방시설관리사/사회복지사1급/대기환경기사/수질환경기사/건축기사/토목기사/직업상담사/전기기능사/산업안전기사/건설안전기사/위험물산업기사/위험물기능사/유통관리사/물류관리사/행정사/한국사능력검정/한경TESAT/매경TEST/KBS한국어능력시험·실용글쓰기/IT자격증/국제무역사/무역영어 **어학 교육** 토익 교재/토익 동영상 강의 **세무/회계** 전산세무회계/ERP정보관리사/재경관리사 **대학 편입** 편입 영어·수학/연고대/의약대/경찰대/논술/면접 **직영학원** 공무원학원/소방학원/공인중개사 학원/주택관리사 학원/전기기사 학원/편입학원 **종합출판** 공무원·자격증 수험교재 및 단행본 **학점은행제** 교육부 평가인정기관 원격평생교육원(사회복지사2급/경영학/CPA) **콘텐츠 제휴·B2B 교육** 교육 콘텐츠 제휴/기업 맞춤 자격증 교육/대학취업역량 강화 교육 **부동산 아카데미** 부동산 창업CEO/부동산 경매 마스터/부동산 컨설팅 **주택취업센터** 실무 특강/실무 아카데미 **국비무료 교육(국비교육원)** 전기기능사/전기(산업)기사/소방설비(산업)기사/IT(빅데이터/자바프로그램/파이썬)/게임그래픽/3D프린터/실내건축디자인/웹퍼블리셔/그래픽디자인/영상편집(유튜브) 디자인/온라인 쇼핑몰광고 및 제작(쿠팡, 스마트스토어)/전산세무회계/컴퓨터활용능력/ITQ/GTQ/직업상담사

교육문의 **1600-6700** www.eduwill.net